汽车驾驶专业技能人才培养工学一体化课程教材

汽车防御性驾驶技术

杨　鹏　陈　强/主　编
杨光伟　张华伟　王　佳/副主编
　　　　　　　　高窦平/主　审

人民交通出版社
北京

内 容 提 要

本书是汽车驾驶专业技能人才培养工学一体化课程教材之一。主要内容包括：防御性驾驶技术简介、驾驶图式训练、危险场景防御性驾驶训练、营运任务处理突发情况训练、安全驾驶水平测试5个模块，包含44个防御性驾驶技术典型道路与交通事故案例。

本书可作为技工院校汽车驾驶专业教材，也可供各类道路运输从业人员及机动车驾驶人培训、学习使用。

图书在版编目（CIP）数据

汽车防御性驾驶技术/杨鹏，陈强主编.—北京：人民交通出版社股份有限公司，2024.6
 ISBN 978-7-114-19512-9

Ⅰ.①汽⋯ Ⅱ.①杨⋯ ②陈⋯ Ⅲ.①汽车驾驶—教材 Ⅳ.①U471.1

中国国家版本馆 CIP 数据核字（2024）第 086230 号

书　　名：	汽车防御性驾驶技术
著 作 者：	杨　鹏　陈　强
责任编辑：	郭　跃
责任校对：	孙国靖　卢　弦
责任印制：	刘高彤
出版发行：	人民交通出版社
地　　址：	（100011）北京市朝阳区安定门外外馆斜街3号
网　　址：	http://www.ccpcl.com.cn
销售电话：	（010）59757973
总 经 销：	人民交通出版社发行部
经　　销：	各地新华书店
印　　刷：	北京市密东印刷有限公司
开　　本：	787×1092　1/16
印　　张：	13.5
字　　数：	292千
版　　次：	2024年6月　第1版
印　　次：	2024年6月　第1次印刷
书　　号：	ISBN 978-7-114-19512-9
定　　价：	54.00元

（有印刷、装订质量问题的图书，由本社负责调换）

《汽车防御性驾驶技术》编审组

主　　编：杨　鹏　陈　强

副主编：杨光伟　张华伟　王　佳

参　编：李　文　周　萍　秦一浩　范东雨

主　　审：高窦平

前言
Preface

汽车防御性驾驶技术作为国际先进的安全驾驶技术，在充分实施工学一体化培训的基础上，能够有效降低驾驶人交通事故发生率30%以上(统计数据)，具有极大的推广价值。因此，以防御性驾驶技术为核心内容，重点面向大型客货车职业驾驶员培养以及道路运输各类从业人员，构建工学一体化的教育教学课程，创新道路运输安全教育理念与实践，优化驾驶专业人才培训、培养模式，对于提高驾驶人员安全驾驶技术水平和安全素质，预防和减少道路交通事故数量和伤害，保障人民生命与财产安全，提升防御性驾驶技术的理论研究水平和实际应用水平，助力"平安交通"建设，具有十分重要的意义。

本书运用先进的汽车模拟驾驶技术，针对多种道路与交通特点，采用基于虚拟道路人工智能交通流驾驶环境创设的智能模拟驾驶技术，将任意典型事故高发路段的实景成像和真实事故案例还原作为模拟训练道路和事故案例。运用工学一体化的教育教学模式，通过对防御性驾驶技术9大安全驾驶原则进行教学实践经验概括和总结，构建形成稳定且有效的实践技能训练方法，充分利用智能模拟驾驶对错误驾驶的高容忍度，不断进行防御性驾驶技术的汽车模拟驾驶训练，达到低成本、高效率提升学员以及社会驾驶人防御性驾驶技术和安全驾驶技术技能水平的目的。主要内容包括：防御性驾驶技术简介、驾驶图式训练、危险场景防御性驾驶训练、营运任务处理突发情况训练、安全驾驶水平测试5个模块，包含44个防御性驾驶技术典型道路与交通事故案例，供读者深入开展防御性驾驶技术理论知识学习和汽车模拟驾驶训练。

本书由云南交通运输职业学院(云南交通技师学院)杨鹏、陈强担任主编，杨光伟、张华伟、王佳担任副主编，李文、周萍、秦一浩、范东雨参与编写，全书由高窦平担任主审。杨鹏编写模块一，王佳编写模块二项目一与项目二，杨光伟编写模块二项目三与项目四,李文编写模块二项目五,张华伟编写模块三项目一与项目二,秦一浩编写模块三项目三,范东雨编写模块四项目一,周萍编写模块四项目二,陈强编写模块五。

  在本书编写过程中,查阅了大量书籍、文献与资料,广泛参考借鉴了国内外汽车防御性驾驶技术的研究与应用成果,也得到了相关技术厂家的支持。在此,对成果相关研究人员表示衷心的感谢。

  由于防御性驾驶技术的研究与应用飞速发展以及编者水平有限,书中难免有疏漏之处,敬请广大专家和读者批评指正。

编 者

2024 年 3 月

目录
Contents

模块一　防御性驾驶技术简介 1
 项目一　防御性驾驶技术基本知识 5
  任务一　安全通过环岛 5
  任务二　安全通过人行横道 9
  任务三　雨雾天安全驾驶 13
 项目二　汽车模拟驾驶技术 17
  任务一　乡村道路驾驶 17
  任务二　高速公路驾驶 23
  任务三　城市道路驾驶 29

模块二　驾驶图式训练 37
 项目一　高速公路进出与左右变道 38
  任务一　驶入高速公路 38
  任务二　驶离高速公路 42
  任务三　向左变道 45
  任务四　向右变道 50
 项目二　通过交叉路口 56
  任务一　交叉路口直行 56
  任务二　交叉路口左转 61
  任务三　交叉路口右转 66
 项目三　会车、超车与让超车 71
  任务一　会车 71
  任务二　超车 76
  任务三　让超车 80
 项目四　通过山路 85
  任务一　上坡 85
  任务二　下坡 89
  任务三　通过左侧盲区弯道 93
  任务四　通过右侧盲区弯道 97

项目五　避让情况 102
  任务一　避让左侧情况 102
  任务二　避让右侧情况 106
  任务三　兼顾道路两侧 110
  任务四　通过铁路道口 114

模块三　危险场景防御性驾驶训练 119
项目一　嵩明—待补路段危险场景防御性驾驶训练 120
  任务一　隧道前遇超车并强行并道的处置 120
  任务二　冰面侧滑处置 124
  任务三　后方及对向车辆强行超车处置 129

项目二　通海—建水路段危险场景防御性驾驶训练 134
  任务一　落石路段安全行车操作 134
  任务二　制动失效处置 138
  任务三　油污路段安全行车操作 144
  任务四　突遇团雾安全行车操作 148

项目三　安宁—楚雄路段危险场景防御性驾驶训练 153
  任务一　及时避让前方停止车辆处置 153
  任务二　追尾前车处置 157
  任务三　左前轮爆胎处置 161
  任务四　出口前左侧车辆强行变道驶出处置 166

模块四　营运任务处理突发情况训练 171
项目一　前往嵩明县营运任务处理突发情况训练 172
  任务一　雨天超车遇对向车辆处置 172
  任务二　雨后超车引起侧滑处置 176
  任务三　雨天弯道引起侧滑处置 179
  任务四　雨天遇对面多车连续超车处置 182

项目二　前往水富县营运任务处理突发情况训练 185
  任务一　弯道车速过快引起侧滑翻车处置 185
  任务二　前车急停后车追尾处置 188
  任务三　遇事故路段停车不及时处置 191

模块五　安全驾驶水平测试 195
  任务一　乡村道路测评 196
  任务二　城市道路测评 199

  附表1　防御性驾驶技术技能动态测评表 203
  附表2　防御性驾驶技术组训计划表 205

参考文献 207

模块一

防御性驾驶技术简介

学习目标

1. 知识目标

(1) 熟记防御性驾驶基本知识。

(2) 熟记紧急情况临危处置理论方法。

2. 能力目标

(1) 在驾驶过程中发生紧急情况时,能够及时采取必要、合理、有效的措施预防事故的发生。

(2) 能做到在驾驶过程中"不主动发生事故,不间接引发事故,不被动卷入事故"。

3. 素养目标

(1) 培养"安全第一、规范驾驶"的安全意识。

(2) 正确理解安全驾驶。

国外对于驾驶行为的研究始于驾驶行为问卷的提出。"防御性驾驶技术"一词由美国的史密斯首次提出,其认为防御性驾驶技术应包含两方面内容:一个是驾驶人在驾车途中不主动引起交通事故;另一个就是避免被动性交通事故,也即在他人出现失误的时候,我方能够及时预知潜在的危险,并提前采取行之有效的回避措施。我国对于防御性驾驶技术影响因素的研究不多,2019 年范双双以小汽车驾驶人的角度出发,分析了防御性驾驶技术影响因素的六个构面,基于计划行为理论,构建了防御性驾驶行为结构模型,并对模型进行了估计和修正,其认为防御性驾驶技术与驾驶人自身和道路环境有显著联系,对于确定防御性驾驶技术影响因素有一定积极效果。

目前,通过对安全驾驶技能与驾驶习惯进行系统的总结和归纳,形成了规范、科学、系统的防御性驾驶 9 大安全驾驶原则,它可以帮助驾驶人更加清楚地掌握人类的"生理不足",更加全面地观察和发现驾驶的危险源,更加准确地预见潜在的不安全因素,从而及时采取有效措施避免交通事故的发生。

1. 放眼远方

驾驶人观察视距的不足,会导致在错误的时间、错误的地点进行错误的操作,干扰正常的行驶秩序,诱发延误、拥堵甚至是交通事故。放眼远方是要驾驶人看得远,驾驶人的观察视距是安全行车的重要保障,因此,驾驶人的观察视距要足够远,一般驾驶人只有 3~6s 的观察视距,为了让驾驶更安全,这就要求驾驶的观察视距要延伸至 15s 以上,见表 1-1。

视距与交通事故率的关系　　　　　　　表 1-1

视距(m)	小于 240	240~450	450~750	大于 750
交通事故率 $1/10^6$	1.5	1.2	0.8	0.7

2. 洞悉四周

洞悉四周就是要了解车身 360°的情况,要保持好自己的安全驾驶空间。洞悉四周就是要驾驶人看得全,通过眼观六路,了解四周环境的变化,确保了解、更新周围状况。洞悉四周就是要求驾驶人观察要全,具体要求如下:

(1)掌握好自己的安全圈;
(2)辨别车辆四周相关和不相关的物体,重点注意潜在的危险隐患并采取相应措施;
(3)改变车辆位置以增大视野,避开视野障碍(深色膜、腰线高);
(4)任何时候都保持合适的跟车距离(注意后车)。

3. 视线灵活

视线灵活就是要求在驾驶过程中不要凝视,开车时不要注视某一特定物体超过 2s。通常驾驶人的单眼水平视野为 150°~160°,垂直视野为 135°~140°,视线上方约 60°,下方约 70°,两眼视野范围约 120°的重叠,双眼水平视野约为 160°~180°。动视野比静视野略大,水平视野约宽 15°,上方视野约宽 10°,而下方则无明显变化。赵炳强的研究指出,随着车辆速度的提高,驾驶人的视野在逐渐变窄,见表 1-2。

驾驶人水平视野范围与车辆速度的关系　　　　　　表1-2

速度(km/h)	40	60	70	80	100
视野范围(°)	100	75	65	60	40

4. 留有余地

留有余地就是保持四周有合适空间，为车辆留出足够的安全距离和安全空间。安全距离是指后方车辆为了避免与前方车辆发生意外碰撞而在行驶中与前车所保持的必要间隔距离。保持安全距离是防止追尾事故最直接、最有效的方法。

行驶中，为车辆留出足够的安全距离，这要求驾驶人要做到留有余地。留有余地的具体做法是扩大视野仔细看，这意味要了解和看得到车辆周围所有的物体，且时刻要根据环境变化适当调整，错开视线，看得更清楚。预留空间全面看，保持好自己的安全驾驶空间，当有任何事物进入这个区域时，应改变车辆速度或位置，重新建立安全空间。无论周围的环境如何变化，总是给自己预设好"脱险路线"增大前方空间，避免被车流包围。不要在大型车辆之间行驶，不要把自己关在"笼子"中。要给自己周围留有安全空间，拥有逃生通道，不要与其他车辆并排行驶。与前车保持安全的距离，用一千零一的方式数到8s的跟车距离。

5. 引人注意

通过灯光、喇叭、目光交流，引起其他道路交通参与者的注意，不要想当然地认为别人知道自己的存在，保持合适的时机。在驾驶过程中，别人不知道你自己的意图，从其他道路使用者的反馈或应答确认自己的行为，具体做法是：寻求眼神接触，不要对他人想当然。让他们知道你的存在，使用通信工具——灯光和喇叭引起他们注意，从各个角度识别他们的意图，白天使用日间行车灯或适当开启灯光，要别的道路使用者看到我们。使用警告装置与其他道路使用者进行沟要别人知道我们的存在及了解双方的意图。如果不确定，不要想当然。如果必要，停止前进。

引人注意就是要让他人向你看，驾驶人可以利用车的设施设备与其他交通参与者进行交流，建立眼神交流：使用你的喇叭、灯光、转向灯、手势；转弯、变道、调头等操作变化前，与其他道路使用者做信息沟通：看镜—打灯—看镜—扫视盲区—操作。

6. 众醉独醒

众醉独醒比喻众人沉迷糊涂，独自保持清醒。成语出处：战国楚·屈原《渔父》："屈原曰：'举世皆浊而我独清，众人皆醉而我独醒，是以见放。'"

驾驶过程中，驾驶人首先必须做到专心驾驶不能分神，摒弃不良驾驶习惯，遵守交通规则，在驾驶过程中要注意观察路上其他车辆和驾驶人的状态，识别其他驾驶人疲劳症状和驾驶陋习等不良和不安全驾驶，只有把其他驾驶人当成喝醉了一样，随时预防被动卷入交通事故，利用防御性驾驶技术真正做到安全驾驶。

驾驶人专心致志驾驶车辆，注意时刻提醒自己要保持冷静，有效避免因为坏情绪而导致的危险。

7. 轻车熟路

轻车熟路就是赶着装载很轻的车子走熟悉的路,比喻事情又熟悉又容易。驾驶人在驾驶过程中要做到心中有规划,能做到遵守交通规则,能感知驾驶过程中的危险,使自己驾驶得心应手、轻而易举、驾轻就熟。

8. 有备无患

在日常行车中,无论是在交通流密集的路段跟车行驶,还是在山区道路、高速公路、乡村道路上行驶,驾驶人都会因缺乏足够的心理准备,对潜在的危险认识不足,引起精神过度紧张,引起精神过度精准和情绪上的不稳定,形成错觉,造成对外界环境的误判,从而影响驾驶人的行车安全,增大了交通事故发生的可能性。为此,驾驶人在驾驶过程中,要持续观察全方位情况,兼顾车辆行车状态和其他交通参与者的行驶状态,做到有备无患,这对于提高行车安全、预防交通事故发生非常有必要。

9. 逃离险境

在驾驶过程中,很可能遇到一些引起道路通行不畅的突发事件,驾驶人沉着冷静,通过自己的观察和预判,迅速准确地判断出最佳的安全撤离路线。例如,道路前方发生严重的道路交通事故、道路设施事故(道路、桥梁、隧道塌方)、严重的危险货物运输事故以及影响道路交通的各种恶劣天气(风、雾、雨、雪等),可能降低道路通行能力。

如果还未入险境,千万不要轻易涉险,草率通过,一定要选择安全地点停车查明情况,确保百分之百的安全,方可通过。如已驶入险地,道路前方发生严重的道路交通事故、道路设施事故(道路、桥梁、隧道塌方)、严重的危险货物运输事故等,应当及时组织乘客疏散到道路以外的安全地带躲避,预防第二次事故发生。

防御性驾驶技术简介 | 模块一

项目一
防御性驾驶技术基本知识

据公安部统计,截至 2022 年 11 月底,全国机动车驾驶人数量已经超过 5 亿人,其中,汽车驾驶人达到 4.63 亿人;机动车保有量达 4.15 亿辆,其中,汽车保有量达到 3.18 亿辆,我国全面跨入汽车社会,交通出行结构发生根本性变化,汽车出行成为交通常态。因此,我国道路交通体量巨大且情况复杂多变,道路交通安全事故时有发生。根据公安部道路交通安全研究中心数据,我国 2018 年道路交通事故成因中 84.84% 是由机动车违法导致,驾驶人依然是导致道路交通事故发生的重要因素,驾驶人普遍存在安全意识缺乏和防御性驾驶能力薄弱的问题。防御性驾驶技术就是驾驶人在行车过程中,能够准确地预见由其他驾驶人、行人、不良气候或路况而引发的危险,并能及时地采取必要、合理、有效的措施预防事故发生的安全驾驶技术。驾驶人通过系统的学习掌握了防御性驾驶技术,就能实现不主动发生事故,不间接引发事故,不被动卷入事故的驾驶零事故目标。

任务一　安全通过环岛

任务描述

图 1-1 所示为通过环岛驾驶图。本任务为依据环岛特点设置了"放眼远方、洞悉四周及视线灵活"知识点进行学习与总结,并使用驾驶模拟器进行正确操作。

图 1-1　通过环岛驾驶图

任务分析

当驾驶人驾驶车辆通过环岛时,首先应提前降低车辆速度并认真观察环岛内的车流情

5

况,同时要认真观察左右两侧及后方的交通情况;其次选择合理的时机进入环岛,并选择合理的车道行驶;最后根据提示确认安全后驶出环岛。行驶中如果发现突发情况,一定要果断采取措施处置。完成本任务,需重点完成以下几点:

(1)养成提前减速及认真观察的好习惯;

(2)严格遵守交通通行规则,让环岛内的车辆先行;

(3)合理选择安全进入、驶出环岛的时机;

(4)依据理论学习、模拟驾驶训练,总结安全通过环岛的要点。

知识链接

1.安全通过环岛的注意事项

(1)确定车辆驶出的出口。进入环岛后,要明白从第几出口驶出去,因此一定要弄清楚每个出口对应的名称。进入环岛后,逆时针开始数,依次是第一出口、第二出口、第三出口、第四出口,依次排序。

(2)通过环岛时转向灯的使用。因为进入环岛只能往一个方向驾驶,因此进去时不用开启转向灯。但如果是从环岛外圈进入内圈,这就涉及变更车道,那就要开启左转向灯,给其他车辆提示。出环岛的时候,经过上一个出口后,就要开启右转向灯,然后在下个出口驶出。比如要在第三出口驶出环岛,那就要在经过第二出口后,开启右转向灯,给其他车辆提示。

(3)合理选择环岛内圈外圈行驶。走环岛内圈,因为受其他方向的车辆影响最小,通行效率会更高;而走外圈,因为不用变更车道,在出环岛的时候最方便。虽然走外圈与走内圈没有具体法规要求,但是经验丰富的驾驶员一般都是这样做的:离目标出口少于2个时,就走外圈;多于2个时,就走内圈。比如要从第一出口或第二出口驶出环岛,那就一直走外圈,直到出口处驶出环岛;要从第三出口驶出环岛,那进入环岛后就变到内圈,当经过第二出口后,就开启右转向灯,往外圈靠,直到从第三出口驶出环岛。

(4)明确环岛的让行原则。一是进环岛的车要让出环岛的车,这种主要针对进出口离得很近的环岛,经常容易发生进出环岛的车辆相撞,因此,进环岛的车要懂得避让。二是环岛外的车要让环岛内的车,就是即将驶入环岛内的车,要让行已经在环岛内行驶的车。三是转弯的车要让直行的车,这里说的转弯其实主要就是变道,而直行主要就是指在环岛车道内行驶,要变道出环岛,那就要懂得避让已经在环岛内车道行驶的车辆。四是后方的车要让前方的车,如果前方车辆已经在变道,后方的车就要懂得避让。

(5)认真观察环岛是否设置信号灯。有些环岛内设置有信号灯,一定要注意观察,特别是许多驾驶新手,只顾着看前方的道路,却不注意看两侧或者正前方的信号灯,那就很容易闯红灯,引发事故。

任务实施

1.模拟驾驶准备工作

(1)如图1-2所示,检查模拟器是否正常开机。

防御性驾驶技术简介 | 模块一

图 1-2　检查模拟器是否正常开机

（2）如图 1-3 所示，做好模拟前相应准备工作。

图 1-3　准备示意图

2. 模拟驾驶训练

（1）放眼远方，及时发现，提前减速避让。如图 1-4 所示，进入环岛之前，提前发现道路变化并减速慢行，认真观察环岛内及车辆后方交通情况，让环岛内的车辆先行，同时，要及时提示后方车辆驾驶人，避免由于紧急制动造成后车追尾。

图 1-4　准备进入环岛

（2）洞悉四周，确认进入环岛的时机。如图 1-5 所示，在确认环岛内无车或车辆较少的情况后，向右缓慢驶入环岛，同时要注意观察。

7

图 1-5　确认进入环岛的时机

（3）进入环岛后按规定车道行驶。如图 1-6 所示，进入环岛以后，要明确车辆驶出的出口位置，车辆要从第二出口驶出，选择中间车道行驶较为适宜。

图 1-6　选择车道行驶

（4）确认出口位置。如图 1-7 所示，车辆经过第一出口后，应认真观察第二出口的位置，确认好车辆驶出的位置。

图 1-7　确认出口位置

（5）视线灵活，开启右转向灯，驶出环岛。如图 1-8 所示，确认出口后，及时开启右转向灯，注意观察右前后方的车流情况，确认安全后转向驶出环岛。

图 1-8　驶出环岛

3. 模拟驾驶结束

如图1-9所示,听到"训练结束"语音提示后,结束行车操作,利用制动踏板让车辆停止,拉起驻车制动,将车辆挡位置于空挡并关闭发动机。

图1-9 训练结束示意图

完成模拟驾驶训练后,解除安全带,检查模拟器各操作部件状态,记录本次训练成绩分析表,见附表1:防御性驾驶技术技能动态测评表。

任务评价

依据训练过程中的操作规范性进行小组交流讨论,分享正确通过环岛的操作方法与经验。

任务二 安全通过人行横道

任务描述

图1-10所示为城市道路人行横道驾驶图。本任务为依据人行横道路口特点设置了"有备无患、留有余地及逃离险境"知识点进行学习与总结,并使用驾驶模拟器进行正确操作。

图1-10 城市道路人行横道驾驶图

汽车防御性驾驶技术

任务分析

当驾驶人驾驶车辆通过人行横道时,首先应提前降低车辆速度并做好随时停车的准备,同时要认真观察左右两侧及后方的交通情况。行驶中如果发现突发情况,一定要果断采取措施处置。完成本任务,需重点完成以下几点:

(1)养成经过人行横道提前减速及认真观察的好习惯;

(2)严格遵守交通通行规则,做到"一看二慢三通过";

(3)积极意识到其他车辆、行人或建筑物带来的盲区及危险,合理选择车辆通过路口的时机;

(4)依据理论学习、模拟驾驶训练,总结安全通过人行横道的要点。

知识链接

安全通过人行横道的注意事项:

(1)信号灯。要注意观察交通信号和标线,车辆接近人行横道时,必须提前降低速度。

(2)礼让。根据《中华人民共和国道路交通安全法》第四十七条规定,机动车行经人行横道时,应当减速行驶;遇行人正在通过人行横道,应当停车让行。机动车行经没有交通信号的道路时,遇行人横过道路,应当避让。

(3)等待。要注意人行横道内行人动态,耐心等待行人安全通过。对行动缓慢的老人、盲人、体弱多病者,不要鸣喇叭催逼,更不可冒险绕行,以免发生意外。

(4)观察。当人行横道内没有行人时,要注意观察人行横道两端是否有行人或非机动车突然急速通过。在城市机动车交通信号灯和人行横道信号灯分开的交通模式下,还存在部分人、车流量较少的十字路口为了加快通行时间,机动车交通信号灯和同向人行横道信号灯会同时亮起,因为该路段的人行横道信号灯与机动车交通信号灯采取同步的方式。行人一定要注意同向车辆是否有转向的趋势,避免出现碰撞事故。

任务实施

1. 模拟驾驶准备工作

按要求检查模拟器是否正常开机,调整座椅位置,规范系好安全带,检查转向盘、换挡操纵杆、加速踏板、制动踏板、离合器踏板以及仪表显示是否正常。若有异常情况,及时进行修复。

2. 模拟驾驶训练

(1)认真观察,降低车辆速度,做到有备无患。如图 1-11 所示,车辆通过人行横道前,认真观察四周安全状况,提前把车辆速度减慢,以防突发情况。

(2)注意盲区,减速或停车让行,做到留有余地。如图 1-12 所示,当出现视线盲区的时候,一定要提高警惕,此时一定是最危险的时候,要把车辆速度降到更低,一旦出现突发情况,做到及时停车避让。

图 1-11　准备通过人行横道

图 1-12　停车避让突发情况

(3)确认通过人行横道的时机。如图 1-13 所示,通过人行横道,就算是绿灯的情况下,也必须认真观察,确认无盲区、无抢行车辆和行人后,再缓缓通过人行横道。

图 1-13　确认通过人行横道的时机

（4）谨慎驾驶通过人行横道。如图1-14所示,通过人行横道时,必须做到谨慎驾驶,注意观察,如果出现紧急情况,及时采取合理的措施进行避让。

图1-14　通过人行横道

（5）确认安全,加速驶离。如图1-15所示,在通过人行横道之后,再次确认前后左右车辆的安全距离,加速驶离路口。

图1-15　确认安全、加速驶离

3. 模拟驾驶结束

听到"训练结束"语音提示后,结束行车操作,利用制动踏板让车辆停止,拉起驻车制动,将车辆挡位置于空挡并关闭发动机。

完成模拟驾驶训练后,解除安全带,检查模拟器各操作部件状态,记录本次训练成绩分析表,见附表1:防御性驾驶技术技能动态测评表。

任务评价

依据训练过程中的操作规范性进行小组交流讨论,分享正确安全通过人行横道的操作方法与经验。

任务三 雨雾天安全驾驶

📋 任务描述 》》》

图 1-16 所示为雨雾天道路驾驶图。本任务为依据雨雾天道路特点设置了"轻车熟路、引人注意及众醉独醒"知识点进行学习与总结,并使用驾驶模拟器进行正确操作。

图 1-16 雨雾天道路驾驶图

📝 任务分析 》》》

当驾驶人驾驶车辆在雨雾天道路行驶时,首先应提前开启示廓灯并及时降低车辆速度,同时要认真观察左右两侧及后方的交通情况。行驶中如果发现突发情况,一定要果断采取措施处置。完成本任务,需重点完成以下几点:

(1)养成雨雾天低速行驶及认真观察的好习惯;

(2)严格遵守交通通行规则,各行其道,不占线行驶;

(3)保持好车辆前后左右的纵向和横向距离,积极意识到雨雾天带来的各种危险,合理选择超车的时机;

(4)依据理论学习、模拟驾驶训练,总结雨雾天驾驶的要点。

📖 知识链接 》》》

1. 雨雾天驾驶的注意事项

(1)保持安全车距。不管雨下的大小,都会影响驾驶员的行车视野,所以,雨天行车保持安全车距尤为重要。不要和前车跟得太近,如果发现前车有减速的迹象,也要及时减速,不然很容易追尾。如果遇到下暴雨,车距还要再大一些。

(2)控制好车速,避免紧急制动。雨天路滑,如果车速过快,容易发生车辆侧滑的情况。所以,雨天驾驶车辆宁可慢点,也不要开快车。同时也要尽量避免紧急制动,多观察路况,有情况时提前准备慢慢踩制动踏板,避免车辆打滑或者侧翻。

(3)不要频繁变道、超车。雨天驾驶人的视线不如晴天清晰,观察能力也随之减弱,周围的车辆也是如此。因此,若非拐弯等必要情况,最好保持在同一车道内行车。

(4)途径不熟悉、难行路段时,沿着前车路线谨慎行驶。雨天行车本就有一定危险,若是遇上不熟悉或者是泥泞、坑洼的路段,最好是沿着前车的路线小心行驶。相当于"踩着前人的经验往上走",能够有效规避部分危险。

(5)不要长时间尾随大货车。大货车体积大,容易遮蔽后车视野,还会给人带来一定的心理压力,驾驶人容易紧张。不管是晴天还是雨天,小车都不要长时间尾随大货车行驶,找准机会就果断超车。雨天因为路面湿滑、视野受阻的原因,超车时要多观察、更谨慎一些。

(6)谨慎对待涉水路段。如果降雨量比较大,路面容易积水。开车经过涉水路段时,要注意保持警惕,对积水的深度进行预判。若积水较浅,可以匀速慢行通过,高速通过易造成车辆失控;若积水较深,选择绕行,避免车辆进水损坏。

(7)多观察,注意避让行人。开车上路要注意避让行人,尤其是雨雾天,不仅要注意避免冲撞,还要注意车辆溅起的水花。遇到行人横穿马路,注意及时避让,尽量不要按喇叭催促。

任务实施

1. 模拟驾驶准备工作

按要求检查模拟器是否正常开机,调整座椅位置,规范系好安全带,检查转向盘、换挡操纵杆、加速踏板、制动踏板、离合器踏板以及仪表显示是否正常。若有异常情况,及时进行修复。

2. 模拟驾驶训练

(1)及时打开刮水器及示廓灯,保持良好的视线,同时做到引人注意。如图1-17所示,雨雾天驾车上路除了谨慎驾驶以外,要及时打开刮水器。遇有暴雨视线极低时,应当开启前照灯和危险报警闪光灯,并把车辆驶离路面或停在安全的地方。

图1-17 及时打开刮水器

(2)紧握转向盘,轻踩制动。如图1-18所示,雨中行车时,路面上的雨水与轮胎之间形成"润滑剂",使汽车的制动性变差,容易产生侧滑。因此,驾驶人要双手平衡握住转向盘,保持直线和低速行驶,需要转弯时,应当缓踩制动,以防轮胎抱死而造成车辆侧滑。

图 1-18　紧握转向盘，轻踩制动

（3）积水道路，提前挂入低速挡，谨慎驾驶，做到轻车熟路。如图 1-19 所示，当车经过有积水路面时，首先应停车查看积水的深度，水深超过排气管，容易造成车辆熄火；水深超过保险杠，容易造成车辆进水。不要高速过水沟、水坑，这样会产生飞溅，导致实际涉水深度加大，容易造成发动机进水且车辆易失控。发动机一旦进水熄火，千万不要再起动车辆，应该将车放在原地等待救援。

图 1-19　低挡低速、谨慎驾驶

（4）保持与其他车辆的安全距离。如图 1-20 所示，特别是不要与大型车辆跟得太近，一是会阻挡视线，二是大车能过去的积水小车未必能过去，况且大车容易溅起水浪，使小车受害。

图 1-20　保持安全距离

（5）注意观察，时刻警醒，做到众醉独醒。如图 1-21 所示，由于雨中的行人撑伞、骑车人穿雨衣，他们的视线、听觉、反应等受到限制，有时还为了赶路横冲直撞，往往在车辆临近时因惊慌失措而滑倒，让驾驶人措手不及。遇到这种情况时，驾驶人应减速慢行，耐心避让,必要时可选择安全地点停车,切不可急躁地与行人、电动车等抢行。

图1-21 注意观察

3. 模拟驾驶结束

听到"训练结束"语音提示后,结束行车操作,利用制动踏板让车辆停止,拉起驻车制动,将车辆挡位置于空挡并关闭发动机。

完成模拟驾驶训练后,解除安全带,检查模拟器各操作部件状态,记录本次训练成绩分析表,见附表1:防御性驾驶技术技能动态测评表。

任务评价 》》》

依据训练过程中的操作规范性进行小组交流讨论,分享雨雾天安全驾驶的正确操作方法与经验。

防御性驾驶技术简介 | 模块一

项目二
汽车模拟驾驶技术

　　汽车模拟驾驶技术是利用虚拟仿真技术、汽车动力学仿真物理系统等创设一个虚拟的驾驶训练环境,驾驶人通过模拟器的车辆操作部件与虚拟的道路交通环境进行交互,从而进行汽车驾驶训练。20 世纪以来,随着虚拟现实技术的提出和发展,模拟驾驶技术得到了长足的发展。先后在飞机模拟驾驶、船舶模拟驾驶等领域得到了快速的发展与应用并取得了较好的效果。随着社会经济的发展和汽车保有量的持续增加,汽车模拟驾驶技术也迅速发展并广泛运用。20 世纪 70 年代,国外发达国家就已普遍应用汽车模拟驾驶技术进行汽车驾驶培训工作,并制定了相关法规。

　　20 世纪 80 年代初,我国开始了汽车模拟驾驶技术研究与应用,进入 20 世纪 90 年代开始自主研制与生产开发汽车驾驶模拟器。2002 年,吉林工业大学成功开发出了带有运动模拟的实用开发型汽车驾驶模拟器,为在国内汽车驾驶培训行业推广汽车模拟驾驶技术奠定了基础。

　　道路是交通的载体,不同道路和交通条件决定着道路的通行能力,而通行能力又必然是以安全为保障的。忽视安全,高速公路的高通过性往往伴以高风险、大事故和重大生命财产损失;而重视安全,乡村低等级傍山险路与高速公路相比虽然是不可比拟的低通过性,但往往却能安全到达。因此,不同道路条件的不同安全驾驶要领是行车安全的重要保障。

　　汽车模拟驾驶技术可以针对各种道路与交通特点,采用基于虚拟道路人工智能交通流驾驶环境创设的智能模拟驾驶技术,将任意典型事故高发路段的实景成像和真实事故案例还原作为模拟训练道路和事故案例。在教育教学理论的指导下,通过对防御性驾驶技术教学实践经验的概括和总结,构建形成稳定且有效的实践技能训练方法,充分利用智能模拟驾驶对错误驾驶的高容忍度,不断进行防御性驾驶技术的汽车模拟驾驶训练,从而达到低成本、高效率提升全社会驾驶人防御性驾驶技术以及安全驾驶技术技能水平。

任务一　乡村道路驾驶

📚 任务导入 》》》

　　乡村道路多顺地势修筑而成,盘山绕行,坡长而陡,弯道多而急,路面狭窄,气候多变,

17

危险路段多。在乡村道路驾驶,无论人流量和车流量大小,都要严格控制车速,转弯时除了减速外,还应该及时鸣笛。目前,乡村道路交通安全设施建设滞后,行车环境和条件较差,交通管理工作基础薄弱,驾驶人素质良莠不齐,交通法制意识淡薄,容易引发交通事故。在乡村道路上,如何采取合理的方法安全驾驶?

任务描述

图 1-22 所示为乡村道路驾驶图。本任务依据乡村道路特点设置了要点进行学习与总结,并使用驾驶模拟器进行正确操作。

图 1-22 乡村道路驾驶

任务分析

驾驶人在乡村道路驾驶时,依据乡村道路交通安全设施建设滞后、行车环境和条件较差特殊性及行车速度的规定,需要在一定的时间内安全规范操作。完成本任务,需重点完成以下几点:

(1)根据乡村道路行车规定,做好行车前准备;
(2)根据乡村道路行车速度规定,不同路况选择合适的驾驶速度;
(3)根据乡村道路特点,在上坡、急弯、通过桥梁等路段减速慢行;
(4)依据测试、模拟驾驶训练,提升乡村道路安全驾驶意识。

知识链接

1. 乡村道路驾驶的相关知识

近年来,经济的振兴促进了乡村道路交通的发展。乡村道路的扩展与延伸,有力地促进了地方经济的快速、健康、持续、稳定发展。然而,由于受资金、技术等客观因素的制约,乡村道路状况复杂,乡村车辆技术状况管理制度存在不足,部分乡村驾驶人安全驾驶与文明驾驶素养不高,乡村道路交通管理薄弱,因而,道路交通安全形势也十分严峻,在一定程度上威胁着人民生命财产的安全,也影响了乡村经济的发展。

2. 乡村道路的规范驾驶

图 1-23 所示为乡村道路驾驶示意图,依据乡村道路特点进行规范驾驶,正确安全驾驶操作步骤如下。

防御性驾驶技术简介 | 模块一

图1-23 乡村道路驾驶示意图

（1）沙土路段路面松软，车辆行驶阻力大，尤其是轿车，会因底盘离地间隙小而触地，驾驶车辆通过时，若有前车辙印，应循辙而行，不要开辟新辙。在进入沙土路段之前，要提前换入合适的挡位一气通过，不要绕行。

（2）通过凹凸路、障碍物的驾驶，应保持正确的驾驶姿势，灵活掌握方向，认真观察路面和选择路线确保车辆稳定匀速行驶。通过较大障碍物时，转向盘要使用适度，同时要灵活运用加速踏板。切忌紧急制动，以免加大前轴负荷，折断钢板。

（3）通过曲窄路，要正确估计弯道角度和路面宽度，除特殊情况外，尽可能在道路中间行驶。如遇行人、牲畜、人力车等，应及时减速并做好停车停备。窄路转弯，应使汽车尽可能沿道路外侧行驶，留足内轮差。

（4）通过乡村集市路段，驾驶人应集中精力，减速慢行，注意观察行人动态，预测交通现状的变化趋势，并做好应对突发情况的思想准备。沉着冷静，谨慎驾驶，主动避让。

（5）汽车行驶中交会或让车时，应选择较宽路面，会车、让车后平稳地回到路中央。当道路较狭窄时，更应避免靠边行驶。遇有会车时，应注意观察路面情况，特别是雨天不要太靠近路肩，以防车辆侧滑或路肩塌方。

3. 乡村道路的注意事项

（1）乡村道路路面较窄、质量较差，行驶中，要注意合理选择路面。当车辆行驶在有坑洼或乱石的道路上时，应考虑车辆的离地间隙，并转动转向盘小心避让；当车辆通过松软、泥泞、积水路段时，应特别谨慎，必要时应先下车观察，当判明车轮确实不会陷入时，方可挂低挡缓慢一次通过；当车辆在新开通的土路上行驶时，若路面有车辙，则应尽量沿着车辙行驶，不可盲目前行。

（2）在凹凸不平的乡村道路上行驶时，若车速过快，则汽车振动加剧，不仅会造成传动系统、行驶系统等机件损坏，而且直接危及行车安全。特别是雨天在有积水和泥泞的路段行车时，一定要稳住转向盘，控制车辆速度，使用中、低挡位，并尽量避免紧急制动。

（3）选择合适的挡位在狭窄道路上行驶。一般狭窄道路的路面质量较差，阻力较大，路线弯多、弯急,为保证发动机有足够的动力使车辆顺利通过困难地段,不应用高速挡行驶,而应及早换入低挡行驶。采用低速行驶在狭窄道路上,无论何种车辆,一般最高速度不应超过20km/h,否则,不但在操作上手忙脚乱,感到困难,而且容易驶出路面发生危险。因此,行驶在这样的道路上时应降低车速,随前车依次通过,非紧急任务或特殊情况不要超车。

(4)在乡村道路上遇有车辆时,应选择较宽的路面会车,并且不要太靠近路边。超车必须在道路和交通情况允许时进行。超越农用车时,因其噪声较大,驾驶人有时会因听不到后车的喇叭声而没有及时让道,此时要多鸣喇叭,待前车让道后再进行超越,切不可强行超车。

任务实施

1. 模拟驾驶准备工作

按要求检查模拟器是否正常开机,调整座椅位置,规范系好安全带,检查转向盘、换挡操纵杆、加速踏板、制动踏板、离合器踏板以及仪表显示是否正常。若有异常情况,及时进行修复。

2. 模拟驾驶训练

(1)如图1-24所示,选择"乡村道路"相应训练项目并正确起动车辆。

图1-24 "乡村道路"相应训练项目

(2)如图1-25所示,听到"开始训练"语音提示后,按照乡村道路驾驶的行车操作步骤进行行车操作。

(3)如图1-26所示,通过凹凸路、障碍物的驾驶,应保持正确的驾驶姿势,灵活掌握方向,认真观察路面和选择路线,尽可能匀速行驶。通过较大障碍物时,转向盘要使用适度,根据实际情况转向避让,同时灵活应用加速踏板。

(4)如图1-27所示,通过曲窄路,应尽可能在路中间行驶。如遇行人、牲畜、人力车等,应减速慢行,随时做好停车准备。窄路转弯,应使汽车尽可能沿弯道外侧行驶,留够转向角度,要防止刮碰路旁树木及障碍物。

图 1-25　开始训练示意图

图 1-26　通过凹凸路、障碍物正确驾驶示意图

图 1-27　曲窄路驾驶示意图

(5)如图 1-28 所示,通过乡村集市路段,驾驶人应集中精力,注意观察行人动态,预测

各种交通现状的变化趋势,并做好应对突发情况的思想准备。沉着冷静,低速缓行,主动避让,谨慎驾驶。

图1-28　乡村集市路段驾驶示意图

(6)如图1-29所示,汽车行驶中交会或让车时,应选择较宽路面进行,会车让车后应及时平稳地回到路中央。遇有会车时,应注意观察路面,特别是雨天不要太靠近路肩,以防车辆侧滑或道路塌方。

图1-29　会车正确驾驶示意图

3.模拟驾驶结束

听到"训练结束"语音提示后,结束行车操作,利用制动踏板让车辆停止,拉起驻车制动,将车辆挡位置于空挡并关闭发动机。

完成模拟驾驶训练后,解除安全带,检查模拟器各操作部件状态,记录本次训练成绩分析表,见附表1:防御性驾驶技术技能动态测评表。

任务评价

依据训练成绩分析表进行小组交流讨论,分享正确乡村道路驾驶的操作方法与经验。

拓展训练

(1)模拟"行驶在乡村狭窄道路时,车辆速度>20km/h"训练,得出正确行驶速度≤20km/h。

(2)模拟"乡村道路上超车,两车相互擦撞"训练,得出乡村道路无特殊情况不要超车。

(3)模拟"乡村道路会车时未让行,两车发生相撞"训练,得出应选择较宽道路会车。

任务二　高速公路驾驶

任务导入

高速公路具有行车速度快、通行效率高、物资周转快、经济效益高等特点,设计有严格的管理系统,是安全服务设施配套齐全、专供机动车高速行驶的公路。不断发展的高速公路,在给人们带来现代交通运输快捷、高效的同时,由于其车速高、车道区分明确、车辆流向单一且流量大的特点,导致高速公路交通事故时有发生,给人民生活和社会经济造成重大的人员伤亡和财产损失。特别是高速公路上行车条件好,车辆行驶速度快,车流量大。在高速公路上高速行驶的条件下,一旦发生交通事故,则容易产生重、特大交通事故,且事故容易殃及其他车辆,造成二次连锁事故,这也是高速公路高事故高死亡率的重要原因。因此,驾驶人应当学会并掌握高速公路正确安全驾驶车辆的方法与技能,尽量降低高速公路交通事故的发生率。那么,如何在高速公路上驾驶车辆?高速公路的驾驶技术有哪些?

任务描述

图1-30所示为高速公路驾驶图。本任务为在高速公路驾驶时对驾驶人的正确处置步骤与要点进行学习与总结,并使用驾驶模拟器进行正确操作。

图1-30　高速公路驾驶

任务分析

在高速公路驾驶,应根据高速公路行车规定提前做好行车前准备,按规定车道行驶,避

免疲劳驾驶,保持好安全车距。完成本任务,需重点完成以下几点:
(1)做好行车前准备;
(2)根据高速公路行车速度规定,按规定车道行驶;
(3)根据高速公路行车规定,避免疲劳驾驶,及时调整休息;
(4)依据理论学习、模拟驾驶训练,总结驶离高速公路要点。

知识链接

1. 高速公路的相关知识

高速公路是全封闭、多车道、具有中央分隔带、立体交叉、集中管理、控制出入、限制上路车种、安全服务设施配套齐全、专供机动车高速行驶的公路。

与一般公路相比,高速公路具有车辆行驶高、通行能力大、运输费用省、行车安全四大优点。

2. 高速公路的正确行驶方法

图1-31所示为高速公路示意图,依据高速公路的正确行驶方法,依次进行如下操作步骤。

图1-31 高速公路示意图

(1)高速公路驾驶前的准备。

①制订行车计划。在高速公路上行车前,必须制订一个简单的行车计划,计划的内容主要包括:进出路口的位置、行驶路线、沿途道路及交通状况、行车时间,以及途中休息、进餐、加油时间等。

②检查车辆。车辆在驶入高速公路前,必须进行仔细、认真地检查,尤其是对灯光、制动、转向及轮胎等重点部位。

③用具准备。各种机动车都难免发生故障,高速行驶的车辆故障率要更高一些。因此,行车前,驾驶人应注意检查随车工具是否齐全。另外,在高速公路上,因故障需要停车时,应设置停车警告标志,因此必须携带三角警告牌。

(2)行驶至高速公路入口。

驾驶车辆向亮着绿灯或没有禁行标志的高速公路入口靠近,注意要有秩序排队,严禁强行插队,在高速公路入口处人工车道领取高速公路通行卡或通过ETC车道扫描车辆信息。要注意尽量提前选择好通行车道,以免通行车道选择错误造成车辆拥堵甚至交通事故发生。

(3) 正确进入高速公路主干道。

通过高速公路入口后,认真观察指路牌,迅速辨认目的地方向的上道路口。车辆驶入高速公路后,认真观察主车道上左前后方的车辆行驶情况,找准时机安全快速驶入主车道,切记驶入主车道时不能妨碍其他车辆的正常行驶。

(4) 高速公路正常行驶。

一般情况下,当车辆速度为 40km/h 时,使车辆绕过障碍物还须驾驶人的两臂使出一定的力量使转向盘转动一定角度;当车辆速度为 100km/h 时,只要轻微用力使转向盘转过较小角度就能使车辆的方向发生很大的变化,所以,在高速行驶时,转向盘要稳握轻打,以免车辆失控。

超车时,在正常行驶车道上应观察车辆后面有无车辆,如发现后车已开启左转向灯示意超车,应暂停超车;等后车越过自己的车后,再次确认后面是否还有来车;如没有,开启左转向灯,夜间还应切换远近光灯示意,迅速加速进入超车道,完成超车后要确认右侧车道前方车辆及后方来车有足够的行车间距后,开启右转向灯驶回行车道。

(5) 安全驶出高速公路。

高速公路路侧在距出口 2km、1km、500m 处分别设有出口标志,在距目的地出口 500m 时应开启右转向灯,提前驶入减速车道,在到达出口前要把车辆速度降到 40km/h 以下。由于长时间高速行驶,速度感觉迟钝,不能正确判断车辆速度,这时必须观察速度表。在出口处要事先确认车道,然后降低车辆速度,进入匝道。避免在接近出口处才紧急制动急打转向驶向出口。

3. 高速公路行驶的注意事项

(1) 进行车道变换或修正行车方向时,转动转向盘的转角要尽量小,避免造成不必要的频繁修正方向。

(2) 通过弯道时操纵转向盘的幅度应尽量小,一定要避免像在普通公路上那样猛打、猛回转向盘,否则会使汽车失稳、侧滑、甚至翻车。

(3) 不可双手同时脱离转向盘,不管出现任何情况,只要车辆在高速运行中,驾驶人的双手决不可同时脱离转向盘,即使车辆在非常稳定的情况下直线运行,也不得如此,以防发生意外时措手不及。

(4) 在高速公路上行驶,由于车辆速度高,不宜过于频繁使用行车制动器,特别是紧急制动。

(5) 高速公路不准随意停车、停车上下人员或者装卸货物。

(6) 因故障需要临时停车检修时,禁止在行车道上修车。必须提前开启右转向灯驶离行车道,停在紧急停车带内或者右侧路肩上,并将红色三角警告牌竖放在车后约 150m 处,同时开启危险报警闪光灯。夜间还要开启示廓灯和尾灯,以警告后续车辆的驾驶人,以免发生意外。

（7）驾驶人感觉疲劳时，应驾车驶向休息区。在高速公路上连续行车，应以 1～1.5h 为安全限度。行车 1h 便应休息，继续行车易疲劳。一次连续驾驶时间不要超过 4h，否则极易造成事故发生。

任务实施

1. 模拟驾驶准备工作

按要求检查模拟器是否正常开机，调整座椅位置，规范系好安全带，检查转向盘、换挡操纵杆、加速踏板、制动踏板、离合器踏板以及仪表显示是否正常。若有异常情况，及时进行修复。

2. 模拟驾驶训练

（1）如图 1-32 所示，选择"高速道路"训练项目并正确起动车辆。

图 1-32　"高速道路"相应训练项目

（2）如图 1-33 所示，听到"开始训练"语音提示后，按照高速公路驾驶的行车操作步骤进行行车操作。

图 1-33　开始训练示意图

（3）如图1-34所示，驶入高速路口在距离高速路收费站50m处时，减速慢行，通过收费站，按顺序刷卡或取卡通过。

图1-34 驶入高速路口示意图

（4）如图1-35所示，从匝道入口进入高速公路时，必须在加速车道上将车辆速度提高到60km/h以上，开启左转向灯，观察和正确判断高速公路左侧车道上的车辆情况、行驶速度，在不影响其他车辆行驶的情况下加速驶入高速公路行车道。

图1-35 驶入高速公路正确驾驶示意图

（5）如图1-36所示，进入高速公路后，能够从道路的标志牌得知各种类型车辆所应行驶的车道。三车道速度规定从左到右分别是：第一条车道是小客车专用道或超车道，限速范围为110～120km/h；第二条车道是客车专用道或快车道，限速范围为90～110km/h；第三条车道是客货车专用道或慢车道，限速范围为60～90km/h。

（6）如图1-37所示，当前方遇有障碍或需要变更车道超车时，必须提前开启转向灯，夜间还须变换使用远近光灯，确认与要进入的车道前方以及后方来车均有足够的行车间距后，再驶入需要进入的车道。驶入超车道的机动车在超车后，应当与被超车保持必要的安全距离后驶回行车道。

（7）如图1-38所示，在高速公路弯道上行驶，应适当降低车辆速度，严禁在较急弯道上超车。在弯道行驶时，驾驶人的直视距离变短，最好不要超车。坡道行驶应控制下坡速度，注意观察速度表的显示,确认车辆速度在安全范围内。

图 1-36　驶入高速公路后正确驾驶示意图

图 1-37　正确超车示意图

图 1-38　高速公路弯道行驶示意图

（8）如图 1-39 所示,汽车欲驶离高速公路时,应提早做好准备。注意交通标志,明确所要去的目的地及出口位置(不宜通过降低车辆速度的方法去寻找出口),在距离出口 2～

3km 的位置就可以开始减速,并行驶到最右侧的正常行驶道。减速时,应采用松开加速踏板的方法慢慢减速,尽量不用制动踏板减速。当看到距出口处还有 500m 的标志时,开启右转向灯,驶入减速车道,再慢慢减速,然后经匝道驶出。

图 1-39　正确驶离高速公路示意图

3. 模拟驾驶结束

听到"训练结束"语音提示后,结束行车操作,利用制动踏板让车辆停止,拉起驻车制动,将车辆挡位置于空挡并关闭发动机。

完成模拟驾驶训练后,解除安全带,检查模拟器各操作部件状态,记录本次训练成绩分析表,见附表 1:防御性驾驶技术技能动态测评表。

任务评价

依据训练成绩分析表进行小组交流讨论,分享高速公路驾驶的正确操作方法与经验。

拓展训练

(1)模拟"驶出距出口≤500m 开启右转灯时,后车追尾"训练,得出正确驶离变道距离。
(2)模拟"右并道时开右转灯≤3s 时,后车追尾"训练,得出正确右转向灯开启时间。
(3)模拟"跟车途径出口,前车急停"训练,得出正确跟车距离。

任务三　城市道路驾驶

任务导入

城市是政治、经济、文化和交通中心,人口稠密、道路纵横交错,交通状况错综复杂。随着国民经济的发展,人们生活水平在不断提高,机动车保有量在不断增加,造成道路上的车辆占有率提高。部分驾驶人缺乏驾驶经验,安全意识不强,经常违反交通法规,造成道路交通事故发生率居高不下。如何在城市道路上驾驶车辆?城市道路的驾驶技术有哪些?

任务描述

图1-40所示为城市道路驾驶图。本任务为在城市道路驾驶时对驾驶人的正确处置步骤与要点进行学习与总结,并使用驾驶模拟器进行正确操作。

图1-40 城市道路驾驶

任务描述

在城市道路驾驶要严格遵守城市道路通行规定,机动车必须在规定的车道内行驶,在未设分道线的街道上,如果对面无来车,可保持在路的中间行驶,但必须严格遵守交通法规。同时,在进入城市道路前,要了解知悉当地城市的交通管理规则和公路交通管理规则。进入城市后,要密切关注道路两侧的交通标志,听从交通管理人员的指挥。这样才能安全地在城市道路驾驶。完成本任务,需重点完成以下几点:
(1)根据城市道路行车规定,正确选择车道行驶;
(2)根据城市道路驾驶操作规范,在城市道路驾驶要"一看二慢三通过";
(3)根据城市道路标志标线指示,安全行车文明行车;
(4)依据理论学习、模拟驾驶训练,总结城市道路驾驶要点。

知识链接

1.城市道路驾驶的相关知识

城市是人口高度集中的地方,街道行人拥挤,各种车辆来往交错频繁,交通情况复杂多变。我国的城市有大、中、小(城镇)等不同规模。大城市作为地区的政治、经济和文化中心,人多车挤,街道密布,交通情况错综复杂,但交通管理设施完善,人们有遵守交通法规的良好习惯和较强的交通安全意识,人、车各行其道,秩序良好。中等城市行人车辆较多,有相应的交通设施,部分人群遵守交通规则的习惯较差,交通秩序有待加强。小城市(城镇)街道狭窄,管理设施不完善,管理人员缺乏,管理组织不严密,部分人群缺乏交通安全意识和常识,交通秩序维护难度较大。

2. 城市道路驾驶的要领

图 1-41 所示为城市道路示意图,依据城市道路驾驶的操作要领,依次进行如下操作步骤。

图 1-41　城市道路示意图

(1)城市道路交通标线、信号灯等交通设施完善,但人多车多,情况复杂,驾驶人此时应集中精力,随时准备应对各种突发情况。

(2)在划分车道的路面上行驶时,各种车辆应按规定路线行驶,严禁压线、跨线行驶。道路中心的单实线、双实线(白色或黄色)是不能压(越)的;道路中心的虚线,在超车和转弯时可以短时间压(越)线。

(3)接近交叉路口时,注意观察车道上方指示牌,及早做好变线准备,按照车道指示方向行驶,进入导向车道的车辆不允许再换道。车辆变线时应提前开启转向灯,此时不要立即变线,一般在开启转向灯 3s 后并确保安全的情况下再变线。

(4)城市道路车流量大,上下班高峰期时常会堵车,此时应有足够的耐心,熟练运用起步技术,并注意保持适当的跟车距离。通过人行横道时,要注意避让行人,行人有优先通行权,不要与行人抢道。

(5)城市道路交通条件复杂,突发、意外情况显著增多,所以,车辆在通过繁华交叉路口、行人稠密地区、铁路和街道交叉地点、转弯、掉头、上下桥以及大风、积水、结冰、雾天等能见度在 30m 以内,行驶中遇有喇叭发生故障或下雪下雨时刮水器损坏等情况时,最高速度不得超过 15km/h。

(6)公交车站附近,车辆、人员相对集中,交通混乱,车辆行驶至公交车站时,要降低速度,谨慎驾驶,注意观察周围情况及动态。超越行驶的公交车时,应减速鸣笛并与之保持较大的侧向距离,以防车前窜出行人而措手不及。

(7)需要倒车或掉头时,必须依照倒车和掉头的规定,选择合适地点。操作中要小心谨慎,必要时要有人指挥。需停车时,必须遵守《中华人民共和国交通安全法》(以下简称《道路交通安全法》)中有关停车的规定。

(8)立交桥在城市道路中也常见。立交桥上的交通标志分为立交桥指路标志和立交桥指示标志。驾驶人必须在远离立交桥时就留意观察道路前方的指路标志,指路标志是一个整体式指示标志,注有方向、地点说明。在未看清标志内容时,应停车了解,决不可盲目通过。立交桥上不可随意停车、倒车或掉头逆行。

3. 城市道路行驶的注意事项

(1)起步前要特别注意车辆的四周和车下是否有人和动物。需要停车时,应当尽量将车停放在停车场内,《道路交通安全法》规定不允许停车的路段,严禁停车。

(2)由于超车的机会较少,跟车行进是城市道路驾驶的一大特点,正确的操作方法是适当选择挡位,使汽车缓缓跟进,并且随时观察前车动态,合理控制车速,保持安全的制动距离。

(3)通过环岛环形路口时,转向灯光的使用一律按左进右出(右转除外)逆时针方向绕岛行驶。通过环形立体交叉立交桥时,进入前应认真观察指示标志确认出口匝道内安全,不可盲目通过。

(4)会车时,应保持足够的横向安全间距,注意会车时对向车辆的尾部会形成视线盲区,应观察清楚。要特别防备行人、骑自行车或摩托车的人等突然蹿出。

(5)注意避让执行任务的警车、消防车、救护车、工程抢险车辆。

(6)行车时注意交通标志。路线走错,应采取有效的补救方式进行补救。如果在路口驶入左侧车道却发现前方禁止左转弯,可以先直行,然后在行驶前方找一个允许掉头的地段掉头返回。

任务实施

1. 模拟驾驶准备工作

按要求检查模拟器是否正常开机,调整座椅位置,规范系好安全带,检查转向盘、换挡操纵杆、加速踏板、制动踏板、离合器踏板以及仪表显示是否正常。若有异常情况,及时进行修复。

2. 模拟驾驶训练

(1)如图 1-42 所示,选择"城市道路"训练项目并正确起动车辆。

图 1-42 "城市道路"相应训练项目

（2）如图1-43所示，听到"开始训练"语音提示后，按照城市道路驾驶的行车操作步骤进行行车操作。

图1-43　开始训练示意图

（3）如图1-44所示，机动车及非机动车在三种车道（即划有小型快速车道、大型载货汽车道和非机动车道）道路上行驶时，都必须在规定的车道内行驶、不得跨线或压线行驶。

图1-44　城市道路三车道示意图

（4）如图1-45所示，在城市道路行驶时，必须合理地控制速度和车距，当通过交叉路口、行人稠密地区、铁路和街道交叉地点，最高速度不得超过15km/h。在会车、让车或超车过程中，驾驶人必须根据车辆的位置、速度、道路、地形等变化，照顾到前后及两侧的情况，调整车辆两侧的横向距离。

（5）如图1-46所示，在狭窄街道行车时，应降低速度，注意各道路车辆及人员的动向。

（6）如图1-47所示，经过学校应低速缓行，谨防行人突然横穿马路，禁止驾驶车辆强行通过。同时应严格遵守禁止鸣喇叭的规定，减少噪声污染。人行横道绿灯亮时，车辆必须停在停车线外，确保人行横道内的行人优先通过。

（7）如图1-48所示，公共汽车站附近，车辆、人员相对集中，交通情况复杂多变，行至公交车站时，要降低车辆速度，谨慎驾驶，注意观察周围情况及动态。超越行驶的公共汽车时，应鸣笛并与之保持较大的侧向距离，以防行人突然窜出而措手不及。

图 1-45　城市道路繁华交叉路口示意图

图 1-46　狭窄街道驾驶示意图

图 1-47　经过学校驾驶示意图

图1-48 公交车站正确驾驶示意图

(8)如图1-49所示,立交桥上的交通标志分为立交桥指路标志和立交桥指示标志。驾驶人必须在距离立交桥足够距离时就留意观察道路前方的指路标志,指路标志是一种整体式指示标志,注有方向、地点说明。驾驶人从中可对立交桥的类型及通行方法有一个全面的了解。在未看清标志内容前,决不可盲目通过。立交桥上不可随意停车、倒车或掉头逆行。

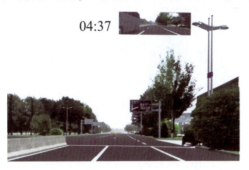

图1-49 立交桥正确驾驶示意图

3. 模拟驾驶结束

听到"训练结束"语音提示后,结束行车操作,利用制动踏板让车辆停止,拉起驻车制动,将车辆挡位置于空挡并关闭发动机。

完成模拟驾驶训练后,解除安全带,检查模拟器各操作部件状态,记录本次训练成绩分析表,见附表1:防御性驾驶技术技能动态测评表。

任务评价

依据训练成绩分析表进行小组交流讨论,分享正确城市道路驾驶的操作方法与经验。

拓展训练

(1)模拟"超越公交车时,突然窜出行人"训练,得出超越公交车时应加大横向间距,减速慢行。

(2)模拟"左变道时开启左转灯≤3s时,后车追尾"训练,得出正确转向灯开启时间。

(3)模拟"在城市道路行驶时,前方车辆突然停车"训练,得出正确跟车距离。

模块二 MODULE 2
驾驶图式训练

学习目标

1. 知识目标

(1) 识记各安全驾驶图式流程。

(2) 熟记各安全驾驶图式操作要点。

2. 能力目标

(1) 能够正确完成安全驾驶图式模拟训练。

(2) 会根据不同驾驶场景选择对应安全驾驶图式。

3. 素养目标

(1) 培养安全、规范驾驶意识。

(2) 养成安全驾驶图式的习惯。

项目一
高速公路进出与左右变道

随着我国高速公路通车里程的增加,高速公路已经成为现代社会经济发展与人民生活的重要交通保障。截至 2022 年底,我国高速公路通车里程达 17.7 万 km,越来越多的人选择高速公路通行的交通方式出行。而高速公路的进出与左右变道是高速公路交通安全事故的易发类型之一,能够掌握高速公路进出与左右变道的流程与要点,并正确、安全完成该项行车操作是驾驶人的必要知识与技能。

任务一 驶入高速公路

任务导入

驶入高速公路需要驾驶人正确完成车辆提速与安全并入行车道两项重要操作。但是由于车辆速度过低、并道操作不规范以及时机选择错误等原因,往往造成交通安全事故。驶入高速公路过程中,如何合理提升车辆速度、选择合适并道时机以及规范操作?

任务描述

图 2-1 所示为驶入高速公路图式。本任务依据驾驶图式对驶入高速公路的步骤与要点进行学习与总结,并使用驾驶模拟器进行正确操作。

图 2-1 驶入高速公路图式

任务分析

驾驶人驾驶车辆驶入高速公路时,依据高速公路分道行驶以及行车速度的规定,需要在一定的里程与时间内完成提升车辆速度、安全规范并道等操作,才能安全正确地驶入高速公路。完成本任务,需重点完成以下几点:

(1)根据高速公路行车速度规定,在加速车道合理提升车辆速度;

(2)根据高速公路各车道车辆行驶情况,正确选择并道时机;

(3)根据高速公路并入行车道操作规范,正确操作并入行车道;

(4)依据理论学习、模拟驾驶训练,总结驶入高速公路要点。

知识链接

1. 高速公路各车道行车速度标准

一般情况下,高速公路限速,车辆最低速度不得低于60km/h,最高速度不得超过120km/h。通常情况,高速公路上都会有三条行车道和一条应急车道,其具体的速度规定与行驶用途见表2-1。

高速公路各行车道速度标准与行驶用途　　　　表2-1

车道	限速范围(km/h)	行驶用途
第一车道(最左侧车道)	110~120	小客车的快速行车道和超车道
第二车道(中间车道)	90~110	小客车的行车道和客货车的超车道
第三车道(最右侧车道)	60~90	客货车的专用车道
第四车道(应急车道)	无具体速度范围	紧急情况下,允许使用

2. 正确驶入高速公路行车步骤

图2-2所示为正确驶入高速公路的行车操作步骤,依据驶入高速公路流程,依次进行如下操作步骤。

(1)确认左侧车道的安全状况。

观察左前方、左侧,并通过内、外后视镜观察后方道路交通情况,确认是否可以进入行车道路。若加速车道前端有车辆停放,且高速公路内的安全状况又不允许迅速驶入时,应在加速车道口等候,且保持与前车的适当距离,待机加速驶入。

(2)开启左转向灯,提高车速。

开启左转向灯,示意变更车道,提示后方车辆有充足的时间避让,提高车辆速度至60km/h以上。禁止未在加速车道内加速,而直接驶入行车道。

(3)选择进入行车道的时机。

根据行车道内的车流情况,确定进入的时机;确保进入时,与前车和后车都留有适当的安全跟车距离。安全跟车距离通常为车辆速度的米数值,即60km/h车速的安全跟车距离为60m。

图 2-2　驶入高速公路行车操作步骤

(4)再次确认安全,进入行车道。

再次确认前后方安全状况,逐渐驶入行车道,不得突然并入。如遇行车道内车辆连续通过时,不得强行超车、插入,以免发生危险。

(5)完全驶入车道后,关闭左转向灯,控制车速。

待完全驶入行车道后,关闭左转向灯,并根据交通情况加速行驶且保持行驶速度,完成驶入高速公路。

3. 驶入高速公路注意事项

(1)进入高速公路匝道行驶时,首先应根据指路标志确定目的地的行驶方向,若驶错方向,禁止倒车或掉头返回。

(2)加速车道行驶时,要充分利用加速车道尽量提高并接近主干道上行进车辆的速度,以防后续车与本车发生追尾碰撞。

(3)从加速车道驶入高速公路行车道,重要的是集中精力观察左侧行车道上行驶车辆的速度和车流情况。

(4)严禁在匝道上超车、停车、掉头、倒车。

任务实施

1. 模拟驾驶准备工作

按要求检查模拟器是否正常开机,调整座椅位置,规范系好安全带,检查转向盘、换挡操纵杆、加速踏板、制动踏板、离合器踏板以及仪表显示是否正常。若有异常情况,及时进行修复。

2. 模拟驾驶训练

(1) 如图 2-3 所示,选择"驶入高速公路"训练项目。

图 2-3 "驶入高速公路"训练项目

(2) 如图 2-4 所示,听到"开始训练"语音提示后,按照正确驶入高速公路程序,进行安全行车操作。

图 2-4 开始训练示意图

程序 1:确认左侧车道的安全状况。
程序 2:开启左转向灯,提高车速。
程序 3:选择进入行车道的时机。
程序 4:再次确认安全,进入行车道。
程序 5:完全驶入车道后,关闭左转向灯,控制车速。

3. 模拟驾驶结束

听到"训练结束"语音提示后,结束行车操作,利用制动踏板让车辆停止,拉起驻车制动,将车辆挡位置于空挡并关闭发动机。

完成模拟驾驶训练后,解除安全带,检查模拟器各操作部件状态,记录本次训练成绩分析表,见附表 1:防御性驾驶技术技能动态测评表。

任务评价

依据训练成绩分析表进行小组交流讨论,分享正确行车操作方法与经验,做出准确的任务评价与总结。

拓展训练

(1)模拟"驶入车速≤60km/h时并道"训练,得出正确驶入车速。
(2)模拟"驶入距加速车道入口处≤50m时并道"训练,得出正确距入口处距离。
(3)模拟"驶入并道时连续跨越两个以上车道"训练,得出正确两次并道间隔时间。

任务二　驶离高速公路

任务导入

驶离高速公路是驾驶人驾车结束高速公路行驶,此阶段需要驾驶人正确完成车辆速度降低、安全驶离行车道并入减速车道以及驶入高速公路匝道等重要操作。但是由于车辆速度过高、并道操作不规范以及时机选择错误等原因,往往造成交通安全事故。驶离高速公路过程中,如何合理降低车辆速度、选择合适并道时机以及规范操作?

任务描述

图2-5所示为驶离高速公路图式。本任务依据驾驶图式对驶离高速公路的步骤与要点进行学习与总结,并使用驾驶模拟器进行正确操作。

图2-5　驶离高速公路图式

任务分析

驾驶人驾车驶离高速公路时,依据高速公路分道行驶以及行车速度的规定,需要在一定的里程与时间内完成降低车辆速度、安全规范并道以及驶入匝道等操作,才能安全正确的驶离高速公路。完成本任务,需重点完成以下几点:

(1)根据高速公路各车道车辆行驶情况,正确选择并道时机并入最右侧车道;
(2)根据高速公路并道操作规范,正确操作并入减速车道;
(3)根据高速公路行车速度(匝道)规定,在减速车道合理降低车辆速度;
(4)依据理论学习、模拟驾驶训练,总结驶离高速公路要点。

知识链接

1. 高速公路匝道行车速度标准

高速公路匝道是高速公路出口或入口靠右侧的一条道路,长度一般在150～200m。入口处匝道过后是加速车道,出口处匝道紧接在减速道之后。依据《中华人民共和国道路安全法》的规定,减速车道车辆速度要求一般为60km/h,匝道内车辆速度一般要求低于40km/h。

匝道的限速是根据匝道的转弯半径制定的安全驾驶速度,是根据离心力和转弯半径计算出来的,车辆速度越小则离心力越小,汽车发生侧翻的可能性也随着降低。在匝道的设计中,路面的外侧高于内侧,这样的设计也有利于抵消一部分离心力。

通常情况,高速公路的出入口都会设置相应的匝道以及相对应的减速车道和加速车道,其具体的速度规定与行驶用途见表2-2。

高速公路匝道以及相对应车道速度标准与行驶用途　　表2-2

车道	速度标准(km/h)	行驶用途
匝道	≤40	车辆进出高速公路
加速车道(入口)	≥60	驶入高速公路时加速
减速车道(出口)	≤60	驶离高速公路时减速

2. 正确驶离高速公路行车步骤

图2-6所示为正确驶离高速公路的行车操作步骤,依据驶离高速公路流程,依次进行如下操作步骤。

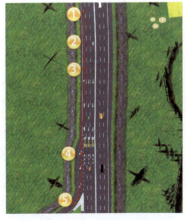

图2-6　驶离高速公路行车操作步骤

①确定出口位置。根据高速公路交通标志指示,确认出口位置,提前做好驶离高速的行车准备工作。

②适当降低车辆速度。确定出口后,应提前降低车速。此时降速,可适当放松加速踏板并轻踩制动踏板,适当降低车辆速度,不得突然强制降速,以免后车造成追尾等危险。

③开启右转向灯,向右变道。注意观察距离出口提示,当距离出口500m时,开启右转向灯,确保安全的情况下,向右侧变更行车道,驶入最右侧的行车道,并继降低车辆速度。

④驶入减速车道。到达出口时,安全驶入减速车道,并进一步降低车辆速度至不大于60km/h。

⑤驶入匝道,关闭右转向灯,继续降速循出口路线驶出。驶入匝道,关闭右转向灯,继续降低车辆速度至不大于40km/h,直至沿出口路线驶出,完成驶离高速公路。

3. 驶离高速公路注意事项

(1)进入高速公路匝道行驶时,首先应根据指路标志确定目的地的行驶方向,若驶错方向,禁止倒车或掉头返回。

(2)减速车道行驶时,要充分利用减速车道持续、安全降低车辆速度,以防后车与本车发生追尾碰撞。

(3)匝道行驶时,车辆速度应不大于40km/h,以避免与出口处车辆发生追尾碰撞。

(4)严禁在匝道上超车、停车、掉头、倒车。

(5)注意从其他车道合流的车辆。不得未经减速车道减速,直接进入匝道。

任务实施

1. 模拟驾驶准备工作

按要求检查模拟器是否正常开机,调整座椅位置,规范系好安全带,检查转向盘、换挡操纵杆、加速踏板、制动踏板、离合器踏板以及仪表显示是否正常。若有异常情况,及时进行修复。

2. 模拟驾驶训练

(1)如图2-7所示,选择"驶离高速公路"训练项目。

图2-7 "驶离高速公路"训练项目

(2)如图2-8所示,听到"开始训练"语音提示后,按照正确驶入高速公路程序,进行安全行车操作。

图2-8 开始训练示意图

程序1:确定出口位置。
程序2:适当降低车辆速度。
程序3:开启右转向灯,向右变道。
程序4:驶入减速车道。
程序5:驶入匝道,关闭右转向灯,循出口驶出。

3. 模拟驾驶结束

听到"训练结束"语音提示后,结束行车操作,利用制动踏板让车辆停止,拉起驻车制动,将车辆挡位置于空挡并关闭发动机。

完成模拟驾驶训练后,解除安全带,检查模拟器各操作部件状态,记录本次训练成绩分析表,见附表1:防御性驾驶技术技能动态测评表。

任务评价 >>>

依据训练成绩分析表进行小组交流讨论,分享正确行车操作方法与经验,做出准确的任务评价与总结。

拓展训练 >>>

(1)模拟"距出口≤500m开右转灯时,后车追尾"训练,得出正确驶离变道距离。
(2)模拟"右并道时开右转灯≤3s时,后车追尾"训练,得出正确右转向灯开启时间。
(3)模拟"跟车途经出口,前车急停"训练,得出正确跟车距离。

任务三 向左变道

任务导入 >>>

在高速公路行车时不要随意变道、并线。随意变更行驶车道,易导致通行秩序混乱,造成后方车辆避让不及发生危险。当驾驶人有向左变换车道需求时,要通过车辆后视镜观察后方是否有来车,确认有足够安全距离,提前3s打开转向灯提醒后方驾驶人注意。

任务描述

图2-9所示为驶入高速公路图式。本任务依据驾驶图式对驶入高速公路的步骤与要点进行学习与总结,并使用驾驶模拟器进行正确操作。

图2-9 向左变道图式

任务分析

驾驶人驾驶车辆向左变道时,安全规范向左变道操作,才能安全完成本任务,需重点完成以下安全行车操作:

(1)在慢车道变更车道前打开左转向灯,观察后方来车情况,确保安全,在开灯3s后,左打方向,平稳进入左车道;

(2)如果转向灯没有自动跳转,要及时关闭转向灯;

(3)依据理论学习、模拟驾驶训练,总结向左变道要点。

注意事项:在空间条件允许下,车辆速度要快于后车。如果没足够的提速空间,则与后车相对速度尽可能为零,保持车辆行驶速度一致。同时,先打开转向灯,再进行转向动作,预留其他车道车辆驾驶人的反应时间。

知识链接

1. 向左变更车道注意事项

(1)行进路线的变更是汽车在行驶中相对原行驶路线向左侧进行的横向移动。变更过程常常是危险状况发生的时候,如果操作不当或者变更时机不当,都容易造成交通事故的发生。同时,变更车道在不同的时机和路况下,正确操作方法也有所不同。

(2)无论在任何情况下,变更车道应提前3s以上(行驶30~50m)打开转向指示灯,示意变更方向,确保前后方的车辆有充足的时间避让。突然变更行驶路线,容易造成交通事故的发生。

(3)为躲避障碍物而向左变更车道时,务必看清对向来车的速度和距离,如果对向来车接近时,应降低速度或停车,让对向来车优先通行。在单向双车道的道路上变更车道时,应确认后续来车的速度和距离,然后判断是先行还是等待。障碍物左外侧与车体的右外侧应留有安全间隔(0.5m以上),防止刮碰。靠左行驶时,车体左侧与中央线的间距应保持在1m以上。

(4)为汽车左转而向左变更车道时,注意左后方车辆的速度和距离,判断采取加速变换车道或减速变换车道的操作。

(5)在车流量大的地方向左变更车道时,除打开转向灯示意变更车道外,有时还需要用手示意。从车窗伸出左手,做出向左变更车道的手势,然后观察后续来车的反应;后车速度降低,则可以变道;后车速度不降低,则不能变道。在确保安全的前提下,变更车道后,应该举手表示感谢。

(6)向左变更车道潜在事故基本形态:跟车过近、向左变道左转弯开启转向灯≤3s、左变道后距前车过近、左变道后距后车过近、向左变道并连续变更两个车道。

2. 向左变更车道的正确操作要点见表2-3。

向左变更车道要点　　　　　　　　　　　表2-3

要点	正确操作	错误动作
观察交通	1. 在寻找向左变道时机时,应观察前方和后视镜,并转动头部检查盲点区域状况; 2. 若有并排车道,应观察相隔车道的车辆,确保没有想同时变入同一车道的车辆	1. 没有明确观察交通的头部动作; 2. 不做盲点观察; 3. 不全面观察前方及后视镜,只是观察左镜; 4. 完成变线后,迫使其他车辆减速或不得不并入其他车道来让路以避免事故
信号灯	1. 应在寻找到合适时机后,及时打开左转信号灯,且在信号灯持续≥3s后,在变线前做最后一次盲点检查; 2. 左转信号灯要在变线前开启,让周围车辆有足够的反应时间; 3. 但若交通繁忙,可以在还未出现足够切入距离前提早给信号灯,来寻求其他车辆的谦让	1. 在已开始向左变入新车道时,仍未给出转左信号灯; 2. 左转信号灯持续时间太短,没有≥3s时间给其他车辆反应; 3. 在未寻找到合适时机及足够大的车距时,就开启左转信号灯(除非此时交通非常繁忙)
车距	1. 应在向左变线前后始终保持好前后车距离。变道前一定要在后视镜,看到后车的车头,才可以并道; 2. 若此时车道多于两条,进入新车道后,不应与其他车辆并排行驶或进入其他车辆盲点区域	1. 在变道前后,与前方车距少于正常的3s车距; 2. 完成向左变道后,进入其他车辆的盲点区域或与其他车辆并排行驶

续上表

要点	正确操作	错误动作
速度	应该调整自己的速度来适应欲进入车道的其他车辆速度	调整的速度过快或过慢,不适应新车道的交通
切入	应及时平稳地过渡进入新车道的中央,即稍打方向,适当加速,轻松进入	切入新车道时转向盘动作太猛。在变线时,长时间未进入新车道中央
双手控盘	应在变线过程中,始终保持双手控制转向盘	在变线时用一只手控制转向盘
关闭信号	应在完成变线进入新车道后,尽快关闭信号灯	在完成变线进入新车道后5s仍未关闭信号灯

任务实施

1. 模拟驾驶准备工作

按要求检查模拟器是否正常开机,调整座椅位置,规范系好安全带,检查转向盘、换挡操纵杆、加速踏板、制动踏板、离合器踏板以及仪表显示是否正常。若有异常情况,及时进行修复。

2. 模拟驾驶训练

(1)如图2-10所示,选择"向左变道"训练项目。

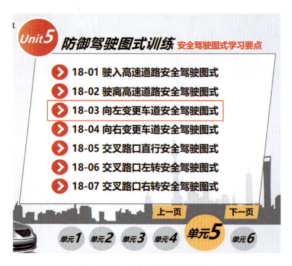

图2-10 "向左变道"训练项目

(2)如图2-11所示,听到"开始训练"语音提示后,按照正确向左变更车道程序,进行安全行车操作。

(3)如图2-12所示,为正确向左变更车道操作步骤,依据向左变更车道程序,依次进行如下操作步骤。

程序1:确认左前后方安全状况。

直接观察左前方、左侧,通过内、外后视镜观察后方道路交通情况,确认是否可以变道。

图 2-11　开始训练示意图

图 2-12　"向左变更车道"操作步骤示意图

程序 2:开启左转向灯。

如图 2-13 所示,开启左转向灯,示意变更方向,使前后方的车辆有充足的时间避让。

图 2-13　正确开启左转向灯

程序3:3s后,再度确认左侧前后方安全状况。

开灯3s后,再次确认前后方安全状况,与前后车留有适当的安全跟车距离。安全跟车距离通常为车速的米数值,即40km/h车速的安全跟车距离为40m。

程序4:将汽车逐渐侧移驶入左侧车道。

再次确认安全状况后,即可采用"三把轮侧移法"将汽车侧移进入左侧车道。首先,向左转动转向盘;之后,当车头将要全部进入左侧车道时,开始向右回转转向盘;最后,保持汽车与分道线适当距离,逐渐向左回正转向盘,使汽车居车道中央行驶。

程序5:关闭左转向灯。

当汽车完全进入左侧车道,且保持直线行驶后,即可关闭左转向灯。向左变更车道作业完成。

3. 模拟驾驶结束

听到"训练结束"语音提示后,结束行车操作,利用制动踏板让车辆停止,拉起驻车制动,将车辆挡位置于空挡并关闭发动机。

完成模拟驾驶训练后,解除安全带,检查模拟器各操作部件状态,记录本次训练成绩分析表,见附表1:防御性驾驶技术技能动态测评表。

任务评价

依据训练成绩分析表进行小组交流讨论,分享正确行车操作方法与经验,做出准确的任务评价与总结。

拓展训练

(1)模拟"向左变道≤3s开左转灯时,后车追尾"训练,得出正确开启左转向灯的时间。

(2)模拟"向右并道驶回原车道时开转向灯≤3s时,后车追尾"训练,得出正确开启右转向灯时间。

(3)模拟"左并道后距前车过近前车急停时追前车尾"训练,得出安全跟车距离。

任务四　向右变道

任务导入

向右变道的技巧可以简化为一个公式:一灯、两镜、三向。一灯是变道前打开右转向灯;两镜是观察前后车辆,确保安全距离;三向是快速变道。在决定是否可以变道之前,应该先知道其他车辆的速度。如果要变道,至少提前3s打开转向灯,提醒其他车辆注意。变道时应连续轻微转动方向盘,缓慢改变行驶路线。

驾驶图式训练 | 模块二

任务描述 »»»

图 2-14 所示为向右变道图式。本任务依据驾驶图式对向右变道的步骤与要点进行学习与总结,并使用驾驶模拟器进行正确操作。

图 2-14　向右变道图式

任务分析 »»»

驾驶人驾驶车辆向右变道时,安全规范向右变道操作,才能安全完成本任务,需重点完成以下安全行车操作:

(1)在变更车道前打开右转向灯,观察后方来车情况,确保安全,在开灯 3s 后,右打方向,平稳进入右车道;

(2)如果转向灯没有自动跳转,要及时关闭转向灯;

(3)依据理论学习、模拟驾驶训练,总结向右变道要点。

注意事项:在空间条件允许下,车辆速度要快于后车。如果没足够的提速空间,则与后车相对速度尽可能为零,保持车辆行驶速度一致。同时,先打开转向灯,再进行转向动作,预留其他车道车辆驾驶人的反应时间。

知识链接 »»»

1. 向右变更车道注意事项

(1)行进路线的变更是汽车在行驶中相对原行驶路线向右侧进行的横向移动。变更过程常常是危险状况发生变化的一个重要时机,如果掌握不好或者操作时机不当,就容易造成意想不到的严重后果。变更车道在不同的时机和环境的关注点应该有所不同。

(2)无论在任何情况下,变更车道应提前 3s 以上(行驶 30~50m)打开转向指示灯,示意变更方向,使前后方的车辆有充足的时间避让。突然变更行驶路线,很容易发生意想不到的危险情况。

(3)为躲避障碍物或右转弯而向右变更车道时,要特别注意右后方车辆的速度和距离,判断是加速变换车道还是减速变换车道。从障碍物右侧通过时,障碍物的右外侧与车体的左外侧必须留有安全间隔(0.5～1m),确保行车安全。靠右行驶时,右侧路边沿线与车体右侧的间距应保持在 0.5m 以上。

(4)如图 2-15 所示,向右变更车道潜在事故基本形态:跟车过近、向右变道右转弯开启转向灯≤3s、右变道后距前车过近、右变道后距后车过近、向右变道并连续变更两个车道。

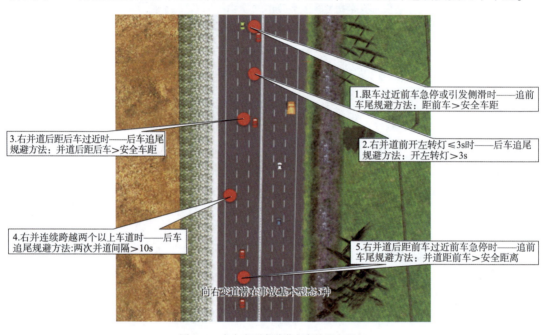

图 2-15　向右变更车道潜在事故基本形态

2. 向右变更车道的正确操作要点(表 2-4)

向右变更车道要点　　　　　　　　　　　　　　　表 2-4

要点	正确操作	错误动作
观察交通	1. 在寻找向右变道时机时,应观察前方和后视镜,并转动头部检查盲点区域状况; 2. 若有二排车道,应观察相隔车道的车辆,确保没有想同时变入同一车道的车辆	1. 没有明确观察交通的头部动作; 2. 不做盲点观察; 3. 不全面观察前方及后视镜,只是观察左镜; 4. 完成向右变道后,迫使其他车辆减速或并入其他车道来让路以避免事故
信号灯	1. 应在寻找到合适时机后,及时打开右转信号灯,且在信号灯持续≥3s 后,变线前做最后一次盲点检查; 2. 向右信号灯要在变道前提开启,让周围车辆有足够的反应时间; 3. 但若交通繁忙,可以在还未出现足够切入距离前提早给信号灯,来寻求其他车辆的谦让	1. 在已开始并入新车道时,仍未给出信号灯; 2. 信号灯持续时间太短,≤3s 时间给其他车辆反应; 3. 在未寻找到合适时机及足够大车距时,就给信号灯(除非此时交通非常繁忙)

续上表

要点	正确操作	错误动作
车距	1. 应在向右变道前后始终保持好前后车距。超车时，一定要在后视镜，看到后车的车头，才可以并线； 2. 若此时车道多于两条，进入新车道后，不应与其他车辆并排行驶或进入其他车辆盲点区域	1. 在变线前后，与前方车距少于正常的3s车距 2. 完成变线后，进入其他车辆的盲点区域或与其他车辆并排行驶
速度	应该调整自己的速度来适应欲进入车道的其他车辆速度	调整的速度过快或过慢，不适应新车道的交通
切入	应及时、平稳地过渡进入新车道的中央	切入新车道时转向盘动作太猛。在变线时，长时间未进入新车道中央
双手控盘	应在变线过程中，始终保持双手控制转向盘	在变线时用一只手控制转向盘
关闭信号	应在完成变线进入新车道后，尽快关闭信号灯	在完成变线进入新车道后5s仍未关闭信号灯

任务实施

1. 模拟驾驶准备工作

按要求检查模拟器是否正常开机，调整座椅位置，规范系好安全带，检查转向盘、换挡操纵杆、加速踏板、制动踏板、离合器踏板以及仪表显示是否正常。若有异常情况，及时进行修复。

2. 模拟驾驶训练

（1）如图2-16所示，选择"向右变道"训练项目。

图2-16 "向右变道"训练项目

（2）如图2-17所示，听到"开始训练"语音提示后，按照正确向右变更车道程序，进行安全行车操作。

图 2-17　开始训练示意图

（3）如图 2-18 所示，为正确向右变更车道操作步骤，依据向右变更车道程序，依次进行如下操作步骤。

图 2-18　向右变道车操作步骤

程序 1：确认右前后方安全状况。

直接观察右前方、右侧，并通过内、外后视镜观察后方道路交通情况，确认是否可以变道。

程序 2：开启右转向灯。

如图 2-19 所示，开启右转向灯，示意变更方向，使前后方的车辆有充足的时间避让。

图 2-19　正确开启左转向灯

程序 3：3s 后，再度确认右前后方安全状况。

开灯 3s 后，再次确认前后方安全状况，与前后车留有适当的安全跟车距离。安全跟车距离通常为车速的米数值，即 60km/h 车速的安全跟车距离为 60m。

程序 4：将汽车逐渐侧移驶入右侧车道。

再次确认安全状况后，即可采用"三把轮侧移法"将汽车侧移进入右侧车道。首先，向右转动转向盘；之后，当车头将要全部进入右侧车道时，开始向左回转转向盘；最后，保持汽车与分道线适当距离，逐渐向右回正转向盘，使汽车居车道中央行驶。

程序 5：关闭右转向灯。

当汽车完全进入右侧车道，且保持直线行驶后，即可关闭右转向灯。向右变更车道作业完成。

3. 模拟驾驶结束

听到"训练结束"语音提示后，结束行车操作，利用制动踏板让车辆停止，拉起驻车制动，将车辆挡位置于空挡并关闭发动机。

完成模拟驾驶训练后，解除安全带，检查模拟器各操作部件状态，记录本次训练成绩分析表，见附表 1：防御性驾驶技术技能动态测评表。

任务评价

依据训练成绩分析表进行小组交流讨论，分享正确行车操作方法与经验，做出准确的任务评价与总结。

拓展训练

(1) 模拟"向右变道驶回原车道时开右转灯≤3s 时，后车追尾"训练，得出正确开启右转向灯时间。

(2) 模拟"向右并道后距前车过近前车急停，追前车尾"训练，得出与前车保持的安全距离。

(3) 模拟"右并道后距后车过近，后车追前车尾"训练，得出与后车保持的安全距离。

项目二 通过交叉路口

交叉路口交通情况复杂，为了使交通流畅，交通法规规定了不同路口的通行规则。在无导向箭头标线、无红绿灯的路口，或红绿灯不完备（无箭头灯指示）的路口，应按相关规则通行。注意交叉路口通行规则中，右转弯车辆让对面左转弯车辆先行的规定。

任务一 交叉路口直行

任务导入

通过交叉路口时，交叉路口直行是驾驶人必须要掌握的驾驶技能，此阶段需要驾驶人正确完成通过交叉路口。但是由于交叉路口交通情况复杂，操作不规范以及时机选择错误等原因，往往造成交通安全事故。如何正确通过交叉路口，观察时机以及避让规则操作是驾驶人必须掌握的知识。

任务描述

图2-20所示为通过交叉路口图式。本任务依据驾驶图式对交叉路口直行的步骤与要点进行学习与总结，并使用驾驶模拟器进行正确操作。

图2-20 交叉路口直行

任务分析

驾驶人驾车驶入交叉路口时，依据交叉路口行驶规定的规定，才能安全完成本任务，需重点完成以下安全行车操作：

(1) 确认交叉路口是否允许直行。
(2) 降低车速，慢速行驶。
(3) 确认交叉路口左右安全状况。
(4) 确定 { 采取慢行通过的方式直行。
         采取停车等待的方式待机直行。
         采取匀速通过的方式直行。
(5) 驶入交叉路口，控制车速。
(6) 待汽车进入出口后，开始加速。
(7) 依据理论学习、模拟驾驶训练，总结交叉路口直行要点。

知识链接

1. 交叉路口直行注意事项

(1) 直行通过交叉路口前应仔细观察交通信号及路口交通情况。

(2) 在单向三车道的道路上汽车提前并入中间车道，在单向两车道的道路上汽车提前并入右侧车道，并降低车速。

(3) 注意观察人行横道上是否有行人想要横穿马路。

(4) 注意对面来车左转弯。

(5) 通过无指挥信号的路口、交通高度集中的路口，要做到"一慢、二看、三通过"，遵守有关让车的规定，让具有优先通行权的汽车先行。

(6) 在有交通信号控制的交叉路口直行，应提前降低车速，遇到红灯或黄灯亮时，应停在停止线以外等待放行信号。绿灯亮时，应及时观察左、右方交通情况，依次缓速通过。

(7) 汽车行至交叉路口遇有停止信号时，应停在停车线以外；没有停车线的，应停在人行横道线以外；停车线、人行横道线都没有的，应停在距路口5m以外处。

(8) 遇有路口发生交通阻塞，进入路口时，应将车辆停在路口外等候。

(9) 如图2-21所示，交叉路口直行潜在事故基本形态：后车追尾、违法罚单、左侧相撞、右侧相撞、行人相撞等。

2. 当出现下列情景之一时，应采取慢行通过的方式直行

(1) 当交叉路口的安全状况不明确又无指示信号时，应采取慢行通过的方式直行。

(2) 当交叉路口左右的通视能力较差时，应采取慢行通过的方式直行。

(3) 当正对面指示信号为黄灯闪烁时，应采取慢行通过的方式直行。

(4) 当交叉路口附近的交通状况只允许慢行通过时，应采取慢行通过的方式直行。

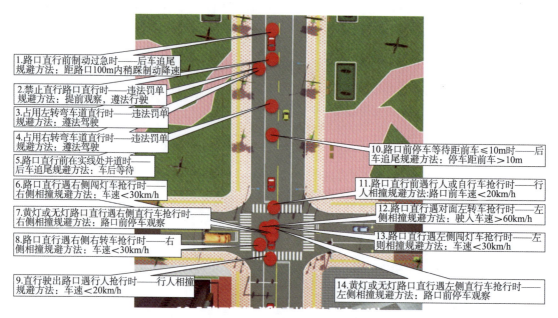

图 2-21 交叉路口直行潜在事故基本形态

3. 当出现下列情景之一时,应采取停车等待的方式待机直行

(1)当正对面指示信号为黄灯、红灯时,应采取停车等待的方式待机直行。

(2)当有停车让行的标志时,应采取停车等待的方式待机直行。

(3)当交叉路口同向前方有障碍物,应采取停车等待的方式待机直行。

(4)当人行横道线内有行人时,应采取停车等待的方式待机直行。

(5)当交叉路口附近的交通状况需要临时停车观察或避让时,应采取停车等待的方式待机直行。

4. 当出现下列情景之一时,应采取匀速通过的方式直行

(1)当交叉路口的路幅较宽且无妨碍通行的障碍时,应采取匀速通过的方式直行。

(2)当正对面指示信号为绿灯时,应采取匀速通过的方式直行。

(3)当交叉路口指示信号为黄色闪烁且无不安全的状况时,应采取匀速通过的方式直行。

(4)当交叉路口及其附近的安全状况允许时,应采取匀速通过的方式直行。

任务实施

1. 模拟驾驶准备工作

按要求检查模拟器是否正常开机,调整座椅位置,规范系好安全带,检查转向盘、换挡操纵杆、加速踏板、制动踏板、离合器踏板以及仪表显示是否正常。若有异常情况,及时进行修复。

2. 模拟驾驶训练

(1) 如图 2-22 所示,选择"通过交叉路口"训练项目。

图 2-22 "通过交叉路口"训练项目

(2) 如图 2-23 所示,听到"开始训练"语音提示后,按照正确交叉路口直行程序,进行安全行车操作。

图 2-23 开始训练示意图

(3) 如图 2-24 所示,为交叉路口直行的安全驾驶操作步骤,依据交叉路口直行程序,依次进行如下操作步骤。

图 2-24 交叉路口直行程序

程序1:确认交叉路口是否允许直行。
距交叉路口100m前,观察交叉路口的标志与交通状况,确认交叉路口是否允许直行。
程序2:降低车速,慢速行驶。
提前放松加速踏板,必要时适当踏下制动踏板,确保在距交叉路口20m前,强制汽车降速且完成减挡,保持10~15km/h慢速行驶。
程序3:确认交叉路口左右安全状况。
如图2-25所示,距交叉路口4~5m时,按左前—前方—右前的顺序,确认交叉路口的安全状况。

图2-25 确认交叉路口安全状况

程序4:确定通过方式。
程序5:驶入交叉路口,控制车速。
控制汽车行驶速度,慢行进入交叉路口。行至交叉路口内,再次按左前—前方—右前的顺序,确认交叉路口内的安全状况。保持加速踏板,并根据交叉路口内出现的情况,适时修正汽车行驶方向。
程序6:待汽车进入出口后,开始加速。
确定汽车进入出口后,根据交通状况加速行进。交叉路口直行作业完成。

3. 模拟驾驶结束

听到"训练结束"语音提示后,结束行车操作,利用制动踏板让车辆停止,拉起驻车制动,将车辆挡位置于空挡并关闭发动机。
完成模拟驾驶训练后,解除安全带,检查模拟器各操作部件状态,记录本次训练成绩分析表,见附表1:防御性驾驶技术技能动态测评表。

任务评价

依据训练成绩分析表进行小组交流讨论,分享正确行车操作方法与经验,做出准确的任务评价与总结。

拓展训练

(1)模拟"交叉路口直行未减速,与前车发生碰撞"训练,得出正确开通过交叉路口的方法。

(2)模拟"临近人行横道时,未减速,撞倒行人"训练,得出在临近人行横道前,应减速慢行。

(3)模拟"交叉路口直行遇自行车左转,未减速,撞倒自行车"训练,得出遇自行车左转时应减速慢行。

任务二　交叉路口左转

任务导入

通过交叉路口时,交叉路口左转是驾驶人必须要掌握的驾驶技能,此阶段需要驾驶人正确完成通过交叉路口左转。但是由于交叉路口交通情况复杂,操作不规范以及时机选择错误等原因,往往造成交通安全事故。如何正确通过交叉路口左转,观察时机以及避让规则操作是驾驶人必须掌握的知识。

任务描述

图2-26所示为驶入交叉路口左转。本任务依据驾驶图式对驶入交叉路口左转的步骤与要点进行学习与总结,并使用驾驶模拟器进行正确操作。

图2-26　驶入交叉路口左转

任务分析

驾驶人驾车驶入交叉路口时,依据交叉路口行驶规定,才能安全完成本任务,需重点完成以下安全行车操作:

(1)确认交叉路口是否允许左转。

(2)需要时,向左变道。

(3)降低车速,慢速行驶。

(4)开启左转向灯。

(5)确认左右安全状况。

(6)确定 $\begin{cases}采取慢行通过的方式左转。\\ 采取停车等待的方式待机左转。\\ 采取匀速通过的方式左转。\end{cases}$

(7)驶入交叉路口,向左转向,控制车速,避让他车。

(8)将入直道时,逐渐回正转向,关闭左转向灯。

知识链接

1. 交叉路口左转安全行车操作

为能安全完成交叉路口左转,需要从通过前、通过中、通过后三个阶段对交叉路口交通状况进行观察并做出安全行车操作。

(1)通过前。

①确认是否允许通行,据交叉点 50~100m 开始对交叉路口的标志、安全、交通状况进行确认。

②接近交叉点时尽量采取提前放松加速踏板,利用发动机制动的方式降速,必要时也可适当踏下制动踏板,强制汽车降速,提前进入左转弯车道。

③向左侧变更行车道时提前 3s 以上(大约 30~50m),打开转向指示灯适宜变更方向,使后方的车辆有充足的时间避让。

④通过前,若需停车等待,再次起步,停车时可不拉驻车制动,但不得放松行车制动,及时平稳的起步。

(2)通过中。

①根据交叉点出现的情况,适时修正汽车行驶方向,注意对面的车辆和左侧可能出现的直行车辆,缓慢顺弯转向。

②若有对向车辆,通行道路的右侧有障碍物,交叉路口的中心点内侧有车辆行驶,应慢行避让,绝不可强行通过。

③确定并控制好行驶速度,目视汽车的前方、左右两侧道路,防止出现意外。

(3)通过后。

①确定汽车驶出弯道后开始加速,不允许降低车速故意慢行。

②左转弯后走自己的车道,禁止随意压线行驶。

③汽车驶入直行车道后及时关闭转向灯。

2. 当出现下列情景之一时,应采取慢行通过的方式左转

(1)当交叉路口的安全状况不明确又无指示信号时。

(2)当交叉路口左右的通视能力较差时。

(3)当指示信号为黄灯闪烁时。

3. 当出现下列情景之一时,应采取停车等待的方式待机左转

(1)当指示信号为黄灯、红灯时。

(2)当有停车让行的标志时。

(3)当交叉路口左侧车道有障碍物时。
(4)当人行横道线内有行人时。
(5)当交叉路口附近交通状况需临时停车观察或避让时。

4. 当出现下列情景之一时，应采取匀速通过的方式左转
(1)当交叉路口的路幅较宽且无妨碍通行的障碍时。
(2)当正对面指示信号为绿灯时。
(3)当交叉路口无不安全的状况时。
(4)当交叉路口及其附近的安全状况允许时。

5. 交叉路口左转潜在事故基本形态

如图 2-27 所示，交叉路口左转潜在事故基本形态：后车追尾、违法罚单、左侧相撞、右侧相撞、行人相撞等。

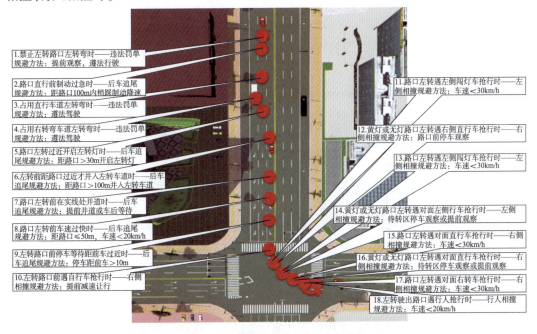

图 2-27　交叉路口左转潜在事故基本形态

任务实施

1. 模拟驾驶准备工作

按要求检查模拟器是否正常开机，调整座椅位置，规范系好安全带，检查转向盘、换挡操纵杆、加速踏板、制动踏板、离合器踏板以及仪表显示是否正常。若有异常情况，及时进行修复。

2. 模拟驾驶训练

(1)如图 2-28 所示，选择"交叉路口左转"训练项目并正确起动车辆。

图 2-28 "交叉路口左转"训练项目

(2)如图 2-29 所示,听到"开始训练"语音提示后,按照正确交叉路口左转程序,进行安全行车操作。

图 2-29 开始训练示意图

(3)如图 2-30 所示,为正确在交叉路口向左转弯的安全驾驶操作步骤,依据向右变更车道程序,依次进行如下操作步骤。

图 2-30 "交叉路口左转"操作步骤示意图

程序1：确认交叉路口是否允许左转。

距交叉路口100m前，观察交叉路口的标志和交通状况，确认交叉路口是否允许左转。

程序2：需要时，向左变道。

需要时，距交叉路口60m前，完成向左变道。

程序3：降低车速，慢速行驶。

提前放松加速踏板，必要时适当踏下制动踏板，确保汽车在距交叉路口30～50m前，强制汽车降速且完成减挡，保持10～15km/h慢速行驶。

程序4：开启左转向灯。

距交叉路口30m以上，开启左转向灯。

程序5：确认左右安全状况，确定通过方式。

距交叉路口5～10m时，按左前—前方—右前的顺序，确认交叉路口的安全状况。

程序6：驶入交叉路口，向左转向，控制车速，避让他车。

控制汽车行驶速度，慢行进入交叉路口，向左转动转向盘，紧靠交叉路口中心点内侧小转弯。控制汽车行驶速度，若遇对向车右转弯或直行，交叉路口的中心点内侧有车辆行驶等，应慢行避让，绝不可强行通过。

程序7：将驶入直道时，逐渐回正转向，关闭左转向灯。

进入交叉路口出口时，开始逐渐回正转向盘，使汽车沿车道中央行驶，左转弯终了时，关闭左转向灯，根据交通状况加速行进，交叉路口左转作业完成。

3. 模拟驾驶结束

听到"训练结束"语音提示后，结束行车操作，利用制动踏板让车辆停止，拉起驻车制动，将车辆挡位置于空挡并关闭发动机。

完成模拟驾驶训练后，解除安全带，检查模拟器各操作部件状态，记录本次训练成绩分析表，见附表1：防御性驾驶技术技能动态测评表。

任务评价

依据训练成绩分析表进行小组交流讨论，分享正确行车操作方法与经验，做出准确的任务评价与总结。

拓展训练

(1) 模拟"向左变道≤3s开左转灯时，后车追尾"训练，得出正确开启左转向灯的时间。

(2) 模拟"向右并道驶回原车道时开右转灯≤3s时，后车追尾"训练，得出正确开启右转向灯时间。

(3) 模拟"左并道后距前车过近前车急停时追前车尾"训练，得出安全跟车距离。

任务三　交叉路口右转

任务导入

通过交叉路口时,交叉路口右转是驾驶人必须要掌握的驾驶技能,此阶段需要驾驶人正确完成通过交叉路口右转。但是由于交叉路口交通情况复杂,操作不规范以及时机选择错误等原因,往往造成交通安全事故。如何正确通过交叉路口右转,观察时机以及避让规则是驾驶人必须掌握的知识。

任务描述

图 2-31 所示为驶入交叉路口右转。本任务依据驾驶图式对驶入交叉路口右转的步骤与要点进行学习与总结,并使用驾驶模拟器进行正确操作。

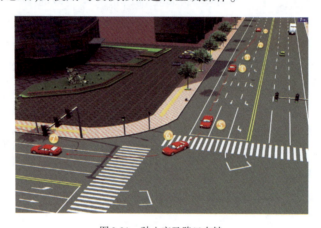

图 2-31　驶入交叉路口右转

任务分析

驾驶人驾车驶入交叉路口时,依据交叉路口行驶规定,才能安全完成本任务,需重点完成以下安全行车操作:

(1)确认交叉路口是否允许右转。
(2)需要时,向右变道。
(3)降低车速,慢速行驶。
(4)开启右转向灯。
(5)确认左右安全状况。
(6)驶入交叉路口,向右转向。

(7)控制车速,避让他车。

(8)将驶入直道时,逐渐回正转向盘关闭右转向灯。

知识链接

1. 交叉路口右转安全行车操作

为能安全完成交叉路口右转,需要从通过前、通过中、通过后三个阶段对交叉路口交通状况进行观察并做出安全行车操作。

(1)通过前。

①确认是否允许通行,据交叉点50～100m开始对交叉路口的标志、安全、交通状况进行确认。

②接近交叉点时尽量采取提前放松加速踏板,利用发动机制动的方式降速,必要时也可适当踏下制动踏板,强制汽车降速,提前进入右转弯车道。

③向右侧变更行车道时提前3s以上(大约30～50m),打开转向指示灯适宜变更方向,使后方的车辆有充足的时间避让。

④通过前,若需停车等待,再次起步,停车时可不拉驻车制动,但不得放松行车制动,及时平稳的起步。

(2)通过中。

①根据交叉点出现的情况,适时修正汽车行驶方向,注意对面的车辆和右侧可能出现的直行车辆,缓慢顺弯转向。

②若有对向车辆,通行道路的左侧有障碍物,交叉路口的中心点内侧有车辆行驶,应慢行避让,绝不可强行通过。

③确定并控制好行驶速度,目视汽车的前方、左右两侧道路,防止出现意外。

(3)通过后。

①确定汽车驶出弯道后开始加速,不允许降低车速故意慢行。

②右转弯后走自己的车道,禁止随意压线行驶。

③汽车驶入直行车道后及时关闭转向灯。

2. 当出现下列情景之一时,应采取慢行通过的方式右转

(1)当交叉路口的安全状况不明确又无指示信号时。

(2)当交叉路口左右的通视能力较差时。

(3)当指示信号为黄灯闪烁时。

3. 当出现下列情景之一时,应采取停车等待的方式待机右转

(1)当有停车让行的标志时。

(2)当交叉路口右侧车道有障碍物时。

(3)当人行横道线内有行人时。

(4)当交叉路口附近交通状况需临时停车观察或避让时。

4. 当出现下列情景之一时，应采取匀速通过的方式右转

（1）当交叉路口的路幅较宽且无妨碍通行的障碍时。

（2）当正对面指示信号为绿灯时。

（3）当交叉路口无不安全的状况时。

（4）当交叉路口及其附近的安全状况允许时。

5. 交叉路口右转潜在事故基本形态

如图 2-32 所示，交叉路口右转潜在事故基本形态：后车追尾、违法罚单、左侧相撞、右侧相撞、行人相撞等。

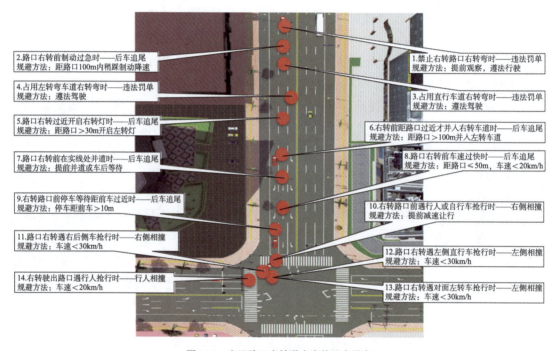

图 2-32 交叉路口右转潜在事故基本形态

任务实施

1. 模拟驾驶准备工作

按要求检查模拟器是否正常开机，调整座椅位置，规范系好安全带，检查转向盘、换挡操纵杆、加速踏板、制动踏板、离合器踏板以及仪表显示是否正常。若有异常情况，及时进行修复。

2. 模拟驾驶训练

（1）如图 2-33 所示，选择"交叉路口右转"训练项目并正确起动车辆。

（2）如图 2-34 所示，听到"开始训练"语音提示后，按照正确的交叉路口右转程序，进行安全行车操作。

（3）如图2-35所示，为正确在交叉路口向右转弯的安全驾驶操作步骤，依据向右变更车道程序，依次进行如下操作步骤。

图2-33 "交叉路口右转"训练项目

图2-34 开始训练示意图

图2-35 交叉路口右转操作步骤

程序1：确认交叉路口是否允许右转。
距交叉路口100m前，观察交叉路口的标志和交通状况，确认交叉路口是否允许右转。

程序2：需要时，向右变道。

需要时，距交叉路口60m前，完成向右变道。

程序3：降低车速，慢速行驶。

提前放松加速踏板，必要时适当踏下制动踏板，确保汽车在距交叉路口30~50m前，强制汽车降速且完成减挡，保持10~15km/h慢速行驶。

程序4：开启右转向灯。

距交叉路口30m以上，开启右转向灯。

程序5：确认左右安全状况。

距交叉路口5~10m时，按左前—前方—右前的顺序，确认交叉路口的安全状况。

程序6：驶入交叉路口，向右转向。

控制汽车行驶速度，慢行进入交叉路口。向右转动转向盘，缓慢顺弯转向。

程序7：控制车速，避让他车。

控制汽车行驶速度。若遇对面车辆或右侧可能出现的直行车辆等，应慢行避让，绝不可强行通过。

程序8：将驶入直道时，逐渐回正转向盘关闭右转向灯。

进入交叉路口出口时，开始逐渐回正转向盘，使汽车沿车道中央行驶，右转弯终了时，关闭右转向灯，根据交通状况加速行进，交叉路口右转作业完成。

3. 模拟驾驶结束

听到"训练结束"语音提示后，结束行车操作，利用制动踏板让车辆停止，拉起驻车制动，将车辆挡位置于空挡并关闭发动机。

完成模拟驾驶训练后，解除安全带，检查模拟器各操作部件状态，记录本次训练成绩分析表，见附表1：防御性驾驶技术技能动态测评表。

任务评价

依据训练成绩分析表进行小组交流讨论，分享正确行车操作方法与经验，做出准确的任务评价与总结。

拓展训练

(1)模拟"右转弯时，车速>30km/h"训练，得出右转弯时车速≤30km/h。

(2)模拟"右转弯时，未开转向灯，两车相撞"训练，得出右转弯时应开右转向灯。

(3)模拟"交叉路口右转时制动过急，后车追尾"训练，得出距离100m内轻踩制动减速。

项目三
会车、超车与让超车

驾驶车辆时,都有会车、超车与让超车的情况,是驾驶人必须要掌握的驾驶技能,此阶段需要驾驶人正确完成会车、超车与让超车动作要领。但是由于道路交通情况复杂多样,会车、超车、让超车过程中,需要与其他车辆发生交会,从而存在着发生交通事故的风险,操作不规范以及时机选择错误等原因,往往造成交通安全事故。只有掌握正确的观察、分析和判断方法才能确保安全行驶。

任务一 会 车

任务导入

车辆在道路上行驶,因经常与其他车辆发生交会,从而存在着发生交通事故的风险,只有掌握正确的观察、分析和判断方法,在会车前、会车中、会车后按规范的操纵要领进行操作才能确保安全行驶。

任务描述

图 2-36 所示为会车示意图式。本任务依据驾驶图式对会车的步骤与要点进行学习与总结,并使用驾驶模拟器进行正确操作。

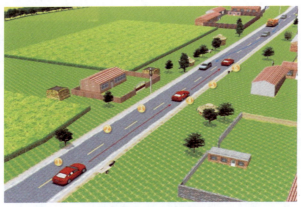

图 2-36 会车示意图式

汽车防御性驾驶技术

任务分析

驾驶人驾车会车时,依据会车行驶规定的规范驾驶,才能安全完成本任务,需重点完成以下安全行车操作:

(1)安全状况确认。
(2)选择交会地段。
(3)保持横向车距。
(4)预防突发情况。
(5)交会后的安全确认。
(6)驶入正常路线。

知识链接

1. 会车安全行车操作

为能完成会车安全行车操作,需要从会车前、会车中、会车后三个阶段对会车时交通状况进行观察并做出安全行车操作。

1)会车前

(1)安全确认。
①对方无超越其他障碍的企图。
②道路幅宽可以满足两车交会时的车间安全距离。
③交会中,后方无车辆超越。
④道路右侧无任何障碍。

(2)选择交会地段。
①道路幅宽可满足两车交会时保持安全的横向间距。
②交会时无需超越任何障碍。
③道路右侧无并行车辆。
④超越后交会的道路、交通条件,应保证在交会中无需制动降速。

(3)操作动作。
①控制车速。根据道路条件和交会时的车间距离,将车速调至可控制的安全速度。
②变更行进路线。向右侧变更行进路线且保持直线行驶。

2)会车中

(1)保持横向车间距离。
①交会时,两车的横向车间距不得小于1m。
②阴天、雨天、雾天或黄昏等视线不良的情况下还应适当加大。

(2)预防可能出现的突发情况。
①对方车辆。
②道路周围的情况。

③自己车辆。

④遇有障碍物只能单车通行时,应按右侧通行的规定,让前方无障碍的车先行。

⑤车辆交汇后,要密切注意车后方的视线盲区有无横行的车辆或行人,以免发生事故。

(3)操作动作。

①控制汽车行驶速度。

②修正方向。

3)会车后

(1)会车后的安全状况确认。

①注意相会车后部、视线盲区内无横行车辆或行人。

②前方无接连交会的车辆。

③具备左侧变更行进路线的条件。

(2)驶入正常路线。向道路中间变更行进路线,加速行驶。

(3)操作动作。

①修正汽车行驶方向。

②加速加挡。

2.特殊路段会车时的注意事项

(1)在狭窄坡道上会车时。下坡车应让上坡车先行。如果下坡车已至中途而上坡车还未上坡时,下坡车先行。

(2)在狭窄的山路上会车。不靠山体一方的车辆先行。

(3)夜间会车。应当在距离对方来车150m以外改用近光灯,在窄路、窄桥与非机动车会车时应当使用近光灯。

3.会车潜在事故基本形态

如图2-37所示,会车潜在事故基本形态:违法罚单、左侧相撞、右侧相撞、迎面相撞等。

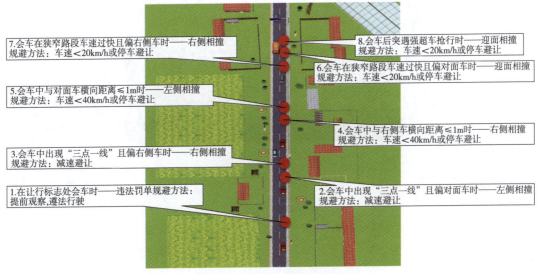

图2-37 会车潜在事故基本形态

任务实施

1. 模拟驾驶准备工作

按要求检查模拟器是否正常开机,调整座椅位置,规范系好安全带,检查转向盘、换挡操纵杆、加速踏板、制动踏板、离合器踏板以及仪表显示是否正常。若有异常情况,及时进行修复。

2. 模拟驾驶训练

(1) 如图 2-38 所示,选择"会车"训练项目并正确起动车辆。

图 2-38 "会车"训练项目

(2) 如图 2-39 所示,听到"开始训练"语音提示后,按照正确的会车行车操作程序,进行安全行车操作。

图 2-39 开始训练示意图

(3) 如图 2-40 所示,为正确会车的安全驾驶操作步骤,依据安全会车程序,依次进行如下操作步骤。

程序 1:会车前的安全确认。

确认交会时,对方无超越其前方障碍的企图,道路幅宽可满足两车交会时的安全侧距,后方无抢超车的车辆。

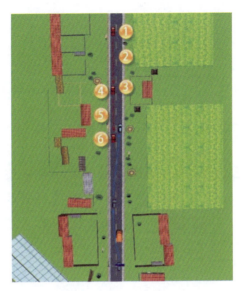

图 2-40 会车操作步骤

程序 2：调控车速，选择交会路段。

通过调节车速，必要时强制汽车加速或减速，以确保会车时，双方右侧均无任何障碍或并行的车辆，不会发生"三点一线"的情况。必要时，停车让行。

程序 3：控制车速，向右稍变行进路线。

根据道路条件和交会时的车间距离，将车速控制在安全速度内，视情况向右侧稍微变更行进路线且保持直线行驶。夜间会车时，应当在距对方来车 150m 以外改用近光灯。

程序 4：保持横向车距，预防突发情况。

交会时，两车的横向车距不得小于 1m，阴天、雨天、雾天或黄昏等视线不良的情况下还应适当加大。会车时，要特别注意对方车、道路周围、自己车有什么异常变化。

程序 5：会车后的安全确认。

会车后，要密切注意其车后部的视线盲区，有无横行的车辆或行人，后方有无接连会车的其他车辆，以免发生事故。

程序 6：驶入正常路线。

向车道中间变更行进路线，加速行进，会车作业完成。

3. 模拟驾驶结束

听到"训练结束"语音提示后，结束行车操作，利用制动踏板让车辆停止，拉起驻车制动，将车辆挡位置于空挡并关闭发动机。

完成模拟驾驶训练后，解除安全带，检查模拟器各操作部件状态，记录本次训练成绩分析表，见附表 1：防御性驾驶技术技能动态测评表。

任务评价

依据训练成绩分析表进行小组交流讨论，分享正确行车操作方法与经验，做出准确的任务评价与总结。

拓展训练

（1）模拟"夜间会车时在150m以内开启远光灯，两车发生擦撞"训练，得出夜间会车应在150m以外改用近光灯。

（2）模拟"会车时两车横向距离小于1m，发生碰撞"训练，得出会车时两车横向距离应大于1m。

（3）模拟"会车时加速不让行，发生碰撞"训练，得出会车时应控制速度让行。

任务二　超　　车

任务导入

车辆在道路上行驶，超车是必须掌握技能，但在超车过程中存在着发生交通事故的风险，只有掌握正确的观察、分析和判断方法，在超车前、超车中、超车后能正确使用灯光、喇叭，掌握超车时车与车之间的横向距离，车速控制适当，按规范的操纵要领进行才能确保安全行驶。

任务描述

图2-41所示为超车示意图式。本任务为依据驾驶图式对会车的步骤与要点进行学习与总结，并使用驾驶模拟器进行正确操作。

图2-41　超车示意图式

任务分析

驾驶人驾驶车辆超车时，依据超车行驶规定，规范驾驶，才能安全完成本任务，需重点完成以下安全行车操作：

（1）超车前，观察被超车辆前方交通情况、左侧交通情况，通过内外后视镜观察左侧后方交通情况，与前车保持一定安全跟车距离，不可过近或过远。确认安全后，开启左转向灯，变换使用远近光灯或鸣喇叭，向前车和周边车辆发出超车信号，从被超车的左侧超越，不得从右侧超越前车。

（2）超车时，注意观察被超车辆的动态，预判超车过程中与对向来车无会车可能，保持与被超车辆横向安全距离，加速超越。若前车不让行时，停止超车，驶回原车道。

（3）超车后，开启右转向灯，从右后视镜中看到被超车辆的车身全貌后，确认安全，向右改变行驶路线，驶回原车道。严禁超车后急打转向驶回原车道。

知识链接 >>>

1. 不同情况的超车方法

（1）超越车队。超越车队时，由于车队前后距离较长，所以要在超车视距良好的情况下，加速连续超越。若对面道路来车不能保证安全的侧向间距时，应开右转向灯，见机插入车队，待对面车过后再超越车队。切忌边加速、边靠近车队，以及为了躲闪急打方向插入车队，更不能采取紧急制动，以防发生事故。

（2）超越故意不让车的车辆。发出超车信号后，被超车辆若无让超表示时，要区别对待，若属于让超车条件不佳，应等待时机；若属于让超车条件良好而故意不让的情形，更应心平气和地对待，尤其在前车让超不让速时，需要保持耐心。对于不肯让出超车道的车辆，驾驶人不得烦躁，保持耐心，应反复鸣喇叭提醒前车，确保安全的前提下，把握机会快速超越。超越后，切不可采取报复措施而向右猛打转向盘，或进行制动等动作，以防被超车来不及反应而发生碰撞或操作不当发生翻车等事故。

（3）超越停驶路边的汽车。超越停驶路边的车辆时，应加倍小心，抬起加速踏板，利用发动机牵引阻力减速，多鸣喇叭（除禁止鸣喇叭区外），超越时与停驶车辆要留有较大的侧向间距，不要靠得太近，并做好停车等应急准备。

（4）特殊路段谨慎超车。超车时还需要把握好超车时机，做到准确判断，超车时应该选择在路面平直宽阔、视线良好、左右无障碍且前方路段200m范围内没有来车的状况下进行。在较窄的双向行驶道路上，如果在超车过程中与对面来车有会车的可能时，则不应超车。特别是在起伏道路及山区道路上行驶，遇有坡顶的地方，由于坡顶的阻挡，形成视觉盲区，看不见对面有无来车，此时不应超车，以免发生交通事故。

（5）夜间超车的驾驶。夜间的道路情况和视线限制都对驾驶造成了极大影响，应谨慎超车。在行驶的时候，当发现道路的左前方出现忽明忽暗灯光时，表明后车想超车。

2. 超车潜在事故基本形态

如图2-42所示，超车潜在事故基本形态：违法罚单、左侧相撞、右侧相撞、后车追尾、与前车相撞、追尾前车、与对面车相撞等。

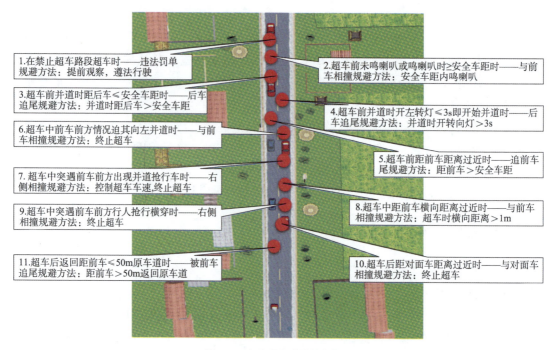

图2-42　超车潜在事故基本形态

任务实施

1. 模拟驾驶准备工作

按要求检查模拟器是否正常开机，调整座椅位置，规范系好安全带，检查转向盘、换挡操纵杆、加速踏板、制动踏板、离合器踏板以及仪表显示是否正常。若有异常情况，及时进行修复。

2. 模拟驾驶训练

(1) 如图2-43所示，选择"超车"训练项目并正确起动车辆。

图2-43　"超车"训练项目

（2）如图 2-44 所示，听到"开始训练"语音提示后，按照正确的超车程序，进行安全行车操作。

图 2-44　开始训练示意图

（3）如图 2-45 所示，为正确超车的安全驾驶操作步骤，依据安全超车程序，依次进行如下操作步骤。

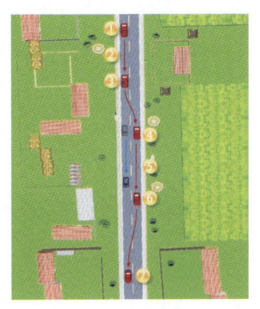

图 2-45　超车操作步骤图式

程序 1：超车前的安全确认。

需要进行的安全确认有：不是禁止超车的路段；对面来车远在超车距离以外；被超车前方没有迫使其向左变更行驶路线的任何障碍；道路左侧没有妨碍己方超车的障碍。

程序 2：保持与前车的安全跟车距离，告示前车。

保持车速，必要时完成挡位的变化，保持与前车的安全跟车距离，安全跟车距离通常为车速的米数值，即 40km/h 车速的安全跟车距离为 40m。按喇叭告示前车，夜间应采取变换使用远、近光灯的方式。

程序 3：确认前车让车，再次确认左前后方安全状况。

被超车的车速能确保我方车以安全车速完成超车，后方无抢超车的车辆，确认向左变更行驶路线的安全状况。

程序4：向左侧变更行进路线。

开启左转向灯，距被超车50m左右，完成向左侧变更行驶路线至超车道或左侧车道。

程序5：控制车速，保持横向车距，预防突发情况。

适当加速，且保持安全车速；超车时，两车的横向车距不得小于1m，阴天、雨天、雾天或黄昏等视线不良的情况下还应适当加大。超车时，要特别注意对方车、道路周围、自己车有什么异常变化。发现异常时，应迅速减速退出超车。

程序6：超车后的安全确认。

超车后，要特别注意被超车前部的视线盲区内有无横行的车辆或行人，以免发生事故。

程序7：驶回原车道。

从右后视镜观察距被超车50m以上时，开启右转向灯。驶回原车道，关闭转向灯。根据道路交通情况，适当降低车速，均速行进，超车作业完成。

3. 模拟驾驶结束

听到"训练结束"语音提示后，结束行车操作，利用制动踏板让车辆停止，拉起驻车制动，将车辆挡位置于空挡并关闭发动机。

完成模拟驾驶训练后，解除安全带，检查模拟器各操作部件状态，记录本次训练成绩分析表，见附表1：防御性驾驶技术技能动态测评表。

任务评价

依据训练成绩分析表进行小组交流讨论，分享正确行车操作方法与经验，做出准确的任务评价与总结。

拓展训练

（1）模拟"右超车时开右转灯≤3s时，后车追尾"训练，得出右超车时开启右转向灯≥3s。

（2）模拟"超车前未确认前方安全，发生碰撞"训练，得出超车时应确认安全后再超车。

（3）模拟"超车时两车横向距离≤1m，发生擦碰"训练，得出超车时两车横向距离≥1m。

任务三 让 超 车

任务导入

车辆在道路上行驶，让超车是必须掌握技能之一，但在让超车过程中存在着发生交通事故的风险。因此，只有掌握正确的观察、分析和判断方法，在让超车前、让超车中、让超车后能正确掌握让超车时车与车之间的横向距离,车速控制适当,按规范的操纵要领进行才能确保安全行驶。

任务描述

图2-46所示为让超车示意图式。本任务为依据驾驶图式对让超车的步骤与要点进行学习与总结,并使用驾驶模拟器进行正确操作。

图2-46　让超车示意图式

任务分析

驾驶人驾驶车辆让超车时,依据让超车行驶规定,规范驾驶,才能安全完成本任务,需重点完成以下安全行车操作:

(1)收到后方车辆发出超车信号时,观察车辆右侧交通情况,无行人、障碍物等其他妨碍靠右让行的情况。

(2)观察右后视镜并回头观察后视镜盲区,确认安全,降低速度、靠右让路。

(3)让超车过程中,不应返回原行驶路线,如遇突发情况,应减速或停车。

(4)后车超越后,观察左后视镜并回头观察后视镜盲区,确认无其他车辆超车,驶回原行驶路线。

知识链接

让同方向行驶的车辆超越的过程为让超车。汽车在行驶中,应该观察后面有无车辆尾随,如发现有车要求超越,则根据道路、交通情况来估计是否允许让后车超越,做到礼让、平稳、安全。

1. 让超车安全行车操作

(1)汽车在行驶中,当发现后车发出超车信号后,应根据道路、交通情况来决定是否减速让路。不可一遇有超车马上就让车,要视道路右侧情况决定是否马上让车。如果汽车行驶在道路条件和交通情况不允许的时候,应另选择合适的路段让车。在确保本车安全的前提下才能让车。若条件允许,应主动减速靠右行,必要时,用手势或开右转向灯示意让后车顺利超越。千万不要故意不让车,甚至在被超越时故意加速等。

(2)当向后方车示意让车后,突然发现右前方出现新的障碍物或其他情况时,不得突然向左急转绕过,应及时采取减速、制动或停车,让超越车辆超过,确认安全后,方可起步行驶。

(3)后车超越后,应注意观察后视镜,在确认无其他车辆连续超越时,方可变右转向灯为左转向灯逐渐驶回正常的行驶路线,然后关闭转向灯,向前行驶。

2. 让超车应注意事项

(1)让超车必须让路并让速。

(2)让超车后,必须确认后方无其他车辆跟随超越后,再驶入正常行驶路线。特别要防止让超车时因前方情况变化,突然向左侧挤靠情况的发生。

(3)让车过程中,不得进行任何形式的超越,不得突然向左侧变更行进路线。遇有突然情况,只能制动减速或者停车,待后车超越后再绕行。

3. 让超车潜在事故基本形态

如图 2-47 所示,让超车潜在事故基本形态:追超车尾、与超车相撞、被超车追尾等。

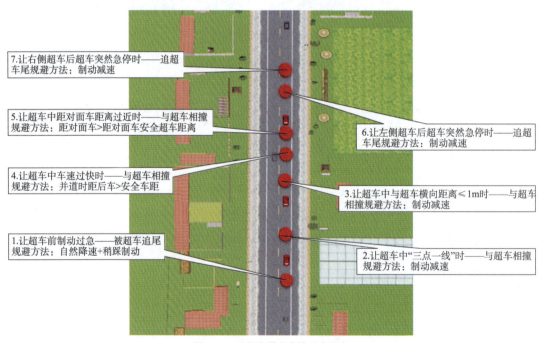

图 2-47 让超车潜在事故基本形态

任务实施

1. 模拟驾驶准备工作

按要求检查模拟器是否正常开机,调整座椅位置,规范系好安全带,检查转向盘、换挡操纵杆、加速踏板、制动踏板、离合器踏板以及仪表显示是否正常。若有异常情况,及时进行修复。

2. 模拟驾驶训练

(1)如图 2-48 所示,选择"让超车"训练项目并正确起动车辆。

图 2-48 "让超车"训练项目

(2)如图 2-49 所示,听到"开始训练"语音提示后,按照正确的让超车行车操作步骤进行行车操作。

图 2-49 开始训练示意图

(3)如图 2-50 所示,为正确让超车的安全驾驶操作步骤,依据安全让超车程序,依次进行如下操作步骤。

程序 1:让超车前的安全确认。

需要进行的安全确认有:不是禁止超车的路段;在让超车过程中,道路右侧的障碍或交通情况的变化,均不可迫使己方车向左变更行进路线;对面来车不可迫使超车突然驶回原车道。

程序 2:降速让行。

适当放松加速踏板,降低行驶车速,向右侧变更行进路线,保持直线行驶。

程序 3:控制车速,保持横向车距,预防突发情况。

保持安全车速,不得随意加速;与超车的横向车距不得小于 1m;密切观察超车和道路周围情况变化,做好随时降速或避让的准备。

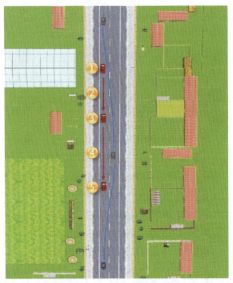

图 2-50　让超车操作步骤

程序 4：让超车后的安全确认。

让超车后,要防止超车突然驶回原车道、在我方车前突然降速、后面还有跟随超越的车辆等,以免发生事故。

程序 5：驶回原行进路线。

驶回原行进路线,迅速调整好与前车的安全跟车距离,让超车作业完成。

3. 模拟驾驶结束

听到"训练结束"语音提示后,结束行车操作,利用制动踏板让车辆停止,拉起驻车制动,将车辆挡位置于空挡并关闭发动机。

完成模拟驾驶训练后,解除安全带,检查模拟器各操作部件状态,记录本次训练成绩分析表,见附表 1：防御性驾驶技术技能动态测评表。

任务评价

依据训练成绩分析表进行小组交流讨论,分享正确行车操作方法与经验,做出准确的任务评价与总结。

拓展训练

(1)模拟"让超车过程中,向右侧行驶车辆让出行驶道,未减速,发生碰撞"训练,得出让超车时做到让车让速。

(2)模拟"遇雪天行驶超车时,未停车让行,两车发生事故"训练,得出雪天行驶遇超车时应停车避让。

(3)模拟"让超车后前方车辆使回原道,突然加速,发生追尾"训练,得出让超车后应注意保持安全距离。

项目四 通过山路

我国部分省份地理环境特殊,道路交通情况复杂多变,山区道路占有相当的比例。山区道路大都是根据自然地理条件修筑的,山路行车常常依山傍崖。在山区道路行车一般具有坡长而陡、路窄弯急、天气多变、险情较多等特点,驾驶人必须掌握一定的驾驶技巧,才能保证行车安全。而坡道上的行驶,是通过山路交通安全事故的易发类型之一。能够掌握坡道上的安全行驶的流程与要点,并正确、安全完成该项行车操作是驾驶人的必备知识与技能。

任务一 上 坡

任务导入

汽车在坡道行驶,尤其是上坡时,换挡操作较平坦道路难度要大,换挡时机及离合器踏板与加速踏板的配合就显得尤为重要了。此阶段需要驾驶人操作动作迅速、及时、准确,手脚配合协调,但是由于坡道的长短、急缓以及挡位操作不规范等原因,往往造成交通安全事故。上坡路段行驶过程中,如何提前换入合适的挡位,且开始适当加速冲坡,使汽车保持足够的爬坡能力?当上坡中发生紧急情况时如何及时处置突发情况?

任务描述

图 2-51 所示为通过上坡路段行驶示意图式。本任务依据驾驶图式对通过上坡路段行驶的步骤与要点进行学习与总结,并使用驾驶模拟器进行正确操作。

图 2-51 通过上坡路段驾驶图式

汽车防御性驾驶技术

📝 任务分析 »»»

驾驶人驾车在坡道行驶,尤其是上坡时,换挡操作较平坦道路难度要大,应注意换挡时机及离合器踏板与加速踏板的配合,操作动作应迅速、及时、准确,手脚配合协调,才能安全的在上坡路段行驶,安全完成本任务,需重点完成以下安全行车操作:

(1)根据坡道的长短、急缓,提前换入合适挡位加速行驶。
(2)根据坡道中动力情况判断,合理地运用挡位,控制汽车行驶速度,保持汽车动力。
(3)根据上坡行车操作规范,正确处置突发情况。
(4)依据理论学习、模拟驾驶训练,总结上坡行驶要点。

📖 知识链接 »»»

1. 上坡驾驶的六大步骤

1)上坡前的安全确认

上坡前,应确认上坡中有无会车、超车或停车的可能,右侧有无障碍物需要避让。在狭窄的坡道上,上坡的一方先行;但下坡的一方已行至中途而上坡的一方未上坡时,下坡的一方先行。

2)换入开始上坡时的挡位,适当冲坡

在坡前适当距离处,根据坡道的长短、急缓,提前换入合适的挡位,且开始适当加速冲坡,使汽车保持足够的爬坡能力。

3)控制汽车行驶速度,保持汽车动力

在上坡时,合理地运用挡位,既保证汽车的动力,又能提高汽车的运行效率。因此,在尽可能使用高挡位的同时,发现车速下降,发动机声音变得沉闷时,这是发动机动力不足的前兆,应迅速换入低一级挡位,防止拖挡,通常减挡宜早。通过长坡或起步后,当感到发动机动力强劲,也应适时加挡,绝不可以长时间低挡高转速下工作,防止发动机过热,通常加挡宜迟。

4)上坡时及时处置突发情况

上坡时,原则上不宜超车,确需超车时,应加大2～3倍的安全距离;会车时,要加大车间距离;遇有突发情况,应迅速停车让行,切不可加速抢行。上坡停车时,应尽量选择路面较宽和视野开阔的地点。停车休息时,应挂入前进挡,并用三角木或石块塞住车轮,防止汽车溜滑。

5)上坡后的安全确认

将要到达坡顶时,应适当放松加速踏板,降速观察,要尽量利用车窗上方可视范围,判定坡道对面视线盲区的安全状况。

6)正常行驶

在确认前方安全状况后,根据交通状况加速行进。

2. 上坡潜在事故基本形态

如图 2-52 所示,上坡潜在事故基本形态:追前车尾、后车追尾、与对面车相撞、迎面相撞、与超车相撞、与逆行相撞等。

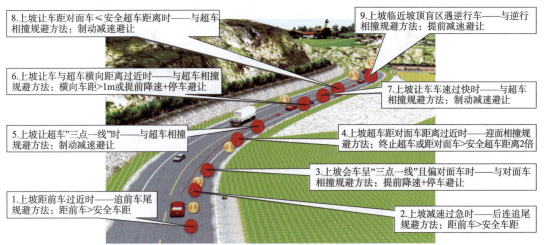

图 2-52　上坡潜在事故基本形态

任务实施

1. 模拟驾驶准备工作

按要求检查模拟器是否正常开机,调整座椅位置,规范系好安全带,检查转向盘、换挡操纵杆、加速踏板、制动踏板、离合器踏板以及仪表显示是否正常。若有异常情况,及时进行修复。

2. 模拟驾驶训练

(1)如图 2-53 所示,选择"通过山路 1 段"训练项目并正确起动车辆。

图 2-53　"通过山路 1 段"训练项目

(2)如图 2-54 所示,听到"开始训练"语音提示后,按照正确驶入山路上坡的行车程序,进行安全行车操作。

图 2-54　开始训练示意图

(3) 如图 2-55 所示,为正确驶入山路上坡的安全驾驶操作步骤,依据驶入山路上坡程序,依次进行如下操作步骤。

图 2-55　上坡操作步骤

程序 1:上坡前的安全确认。

程序 2:换入开始上坡时的挡位,适当冲坡。

程序 3:控制汽车行驶速度,保持汽车动力。

程序 4:上坡中及时处置突发情况。

程序 5:上坡后的安全确认。

程序 6:上坡行车完成,正常行进

3.模拟驾驶结束

听到"训练结束"语音提示后,结束行车操作,利用制动踏板让车辆停止,拉起驻车制动,将车辆挡位置于空挡并关闭发动机。

完成模拟驾驶训练后,解除安全带,检查模拟器各操作部件状态,记录本次训练成绩分析表,见附表1:防御性驾驶技术技能动态测评表。

依据训练成绩分析表进行小组交流讨论,分享正确行车操作方法与经验,做出准确的任务评价与总结。

拓展训练

(1)模拟"上坡起步"训练,得出正确上坡起步操作步骤。
(2)模拟"上坡过程超车"训练,得出正确上坡过程中超车的正确时机。

任务二 下　　坡

任务导入

汽车在下坡行驶时车辆处于坡度倾斜的下行路面,由于重力的作用,导致车辆行驶速度加快,容易出现超速甚至车辆失控的风险。因此,下坡道路比上坡道路更需要谨慎驾驶,处理不当极易导致交通事故。车辆下坡时由于重力和行驶惯性的双重作用,驾驶人可能无法完全判断准确的制动距离,如果不及时采取安全操作,很容易追尾前方车辆。通过下坡路段过程中,如何合理提前换入合适的挡位,且及时调整车速,使汽车保持安全的车速以及进行规范的驾驶操作?

任务描述

图2-56所示为通过下坡路段示意图式。本任务依据驾驶图式对通过下坡路段的步骤与要点进行学习与总结,并使用驾驶模拟器进行正确操作。

图2-56　通过下坡路段驾驶图式

任务分析

汽车在下坡行驶,尤其是下长坡时,制动容易失效,此时应保持好与前车的距离,降低车速、换入合适挡位、安全规范操作,才能安全完成下坡路段行驶。完成本任务,需重点完成以下安全行车操作:

(1)根据坡道的急缓,提前换入挡位,利用发动机的牵阻作用,延缓汽车下滑时的自然加速时间。

(2)根据坡道增速情况适时加减挡,并配合制动强制降速,控制汽车行驶速度。

(3)根据下坡行车操作规范,及时处置突发情况。

(4)依据理论学习、模拟驾驶训练,总结下坡行驶要点。

知识链接

1. 下坡驾驶的五大步骤

1)下坡前的安全确认

下坡前,应确认下坡中有无会车、超车或停车的可能,右侧有无障碍物需要避让。在狭窄的坡道上,上坡的一方先行;但下坡的一方已行至中途而上坡的一方未上坡时,下坡的一方先行。

2)换入合适的挡位

在下坡前,根据坡道的急缓,换入合适时的挡位,完全放松加速踏板,利用发动机的牵阻作用,延缓汽车下滑时的自然加速时间。

3)合理制动强制降速,适时加减挡

制动强制降速,绝不是长时间踏下制动踏板保持制动。这样极易造成制动失灵。而是选择间隙制动的方式,即先利用发动机制动,任由汽车自然惯性增速,当车速增至过高时,踏下制动踏板,使车速迅速降至该挡最低车速时,放松制动踏板,再次任由汽车自然惯性增速,如此循环。如果使用制动的频率过高,则需要减一级挡;如果汽车增速过慢,则应该加一级挡。

4)下坡中及时处置突发情况

下坡时,原则上不宜超车,确需超车时,应加大2~3倍的安全距离;会车时,要加大车间距离;遇有突发情况,应迅速停车让行,切不可加速抢行。下坡的制动距离是平路的2~3倍,因此一切制动措施都要提前。

下长坡时,应选择路面较宽和视野开阔的地点停车休息,使制动系统降温。停车时,应挂入倒挡,并用三角木或石块塞住车轮,防止汽车溜滑。

5)下坡后的安全确认,适时加速行进

坡道完全通过后,完全放松制动踏板,并根据前方道路交通情况,适时加速行进。

2. 下坡潜在事故基本形态

如图2-57所示,下坡潜在事故基本形态:追前车尾、后车追尾、与对面车相撞、与超车相撞、与逆行相撞、撞山或坠崖等。

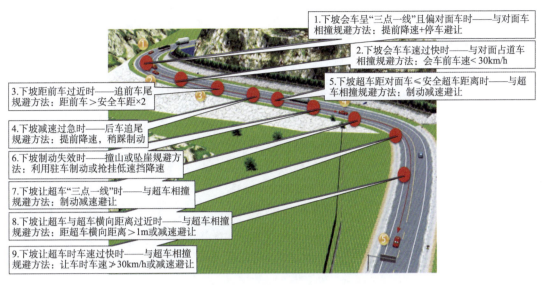

图2-57 下坡潜在事故基本形态

3.下坡驾驶注意事项

(1)下坡前根据坡道状况,换入低一级挡位,完全放松加速踏板,利用发动机的牵阻作用,延缓汽车下滑时的自然加速时间。下急坡时,要多减一挡,从而避免频繁使用制动所造成的制动蹄烧焦而发生危险。

(2)下陡坡不得频繁使用制动器降速,以防止制动蹄片和制动鼓过热。因此,在每次制动时应多踏一些,使车速作较大幅度的降低,这样就可使车速经常保持在可控制的范围内,同时,要充分利用发动机制动控制车速。

(3)下坡时,绝对禁止空挡滑行。因为空挡滑行会导致车速过快,加之道路弯道较多,视线不良,必将加大了制动的使用次数,这样会导致制动困难和加速机件磨损。

(4)下坡应尽量减少换挡次数,尽量保持平稳车速行驶。通过山路弯道时,要按照"减速、鸣喇叭、靠右行"的规则,提前降低车速。避免在转弯时换挡,以确保双手能有效地控制转向盘。

(5)下陡坡应尽量避免超车,下坡超车极易因被超车车速过快而超越困难,而且,还会因对面来车而使超车受阻,严重时还会因控制不及而发生事故。因此,在下陡坡时,切忌超车。只有在被超车车速很慢,并且可判定安全状况的距离满足超车的需要时,才可酌情超车。

(6)下坡时,要特别预防制动失灵,如遇制动失灵,不要惊慌,可使用驻车制动缓慢降速。

任务实施

1.模拟驾驶准备工作

按要求检查模拟器是否正常开机,调整座椅位置,规范系好安全带,检查转向盘、换挡操纵杆、加速踏板、制动踏板、离合器踏板以及仪表显示是否正常。若有异常情况,及时进行修复。

2. 模拟驾驶训练

(1)如图2-58所示,选择"通过山路1段"训练项目并正确起动车辆。

图2-58 "通过山路1段"训练项目

(2)如图2-59所示,听到"开始训练"语音提示后,按照正确驶入山路下坡的行车程序,进行安全行车操作。

图2-59 开始训练示意图

(3)如图2-60所示,为正确驶入山路下坡的安全驾驶操作步骤,依据驶入山路下坡程序,依次进行如下操作步骤。

程序1:下坡前的安全确认。

程序2:换入开始下坡时的挡位。

程序3:制动强制降速,适时加减挡。

程序4:下坡中及时处置突发情况。

程序5:下坡后的安全确认,正常行进。

3. 模拟驾驶结束

听到"训练结束"语音提示后,结束行车操作,利用制动踏板让车辆停止,拉起驻车制动,将车辆挡位置于空挡并关闭发动机。

图 2-60　下坡操作步骤

完成模拟驾驶训练后,解除安全带,检查模拟器各操作部件状态,记录本次训练成绩分析表,见附表 1:防御性驾驶技术技能动态测评表。

任务评价

依据训练成绩分析表进行小组交流讨论,分享正确行车操作方法与经验,做出准确的任务评价与总结。

拓展训练

(1)模拟"下坡起步"训练,得出下坡起步的正确挡位。
(2)模拟"下坡会车时车速过快"训练,得出正确下坡会车速度。

任务三　通过左侧盲区弯道

任务导入

通过左侧盲区弯道时,尤其是在狭窄的弯道上行驶时,车会产生离心作用,由于车速快,离心作用强,车身重心偏移,又因受到车辆盲区和周围环境盲区的影响,转向不足的程度增加。在这种情况下,如果前方或对向车道有车辆行驶且汽车不能在入弯前有效减速、正确选择转向时机,就极易导致交通事故的发生。驶入左侧盲区弯道过程中,如何合理降低车速、正确选择转向时机、停车避让以及规范操作?

任务描述

图2-61所示为通过左盲区弯道示意图式。本任务依据驾驶图式对通过左盲区弯道的步骤与要点进行学习与总结,并使用驾驶模拟器进行正确操作。

图2-61 通过左盲区弯道图式

任务分析

驾驶人驾车通过左盲区弯道时,要按照"减速,鸣喇叭,靠右行"的规则,提前降低车速,观察车辆弯道前的情况,同时注意车辆后方的情况。弯道处突然出现车辆时,减速靠右行驶,才能安全正确的通过左盲区弯道。完成本任务,需重点完成以下安全行车操作:

(1)根据内、外后视镜观察左后与右方道路交通情况,确认汽车周围及弯道安全状况。

(2)根据左盲区弯道行驶注意事项,提前降低车速,按喇叭,靠道路右侧进入弯道。

(3)顺弯向左转向,保持车速的同时需密切观察,及时处置突发情况。

(4)依据理论学习、模拟驾驶训练,总结通过左盲区弯道要点。

知识链接

1. 通过左侧盲区的六大步骤

1)确认汽车周围及弯道安全状况

左盲区弯道视线不良,极易出现意想不到的危险情况,应观察前方、左侧和右侧,并通过内、外后视镜观察左后与右方道路交通情况,确认通过弯道时有无超车会车、让超车或停车的可能。

2)提前降低车速

在转弯前,应提前降低车速,根据弯道的大小,必要时换入低挡。

3）按喇叭，靠道路右侧进入弯道

在距弯道入口 30~50m 时，按喇叭，提示对面来车避让；再次确认右前、右侧和右后方安全状况，向右稍微转向，靠道路右侧进入弯道。

4）顺弯道向左转向

入弯后，应顺弯道的走势向左转向，保持汽车靠道路右侧顺弯行驶；保持匀速状态通过弯道。

5）密切观察，及时处置突发情况

要密切关注前方弯道交通变化情况，做好随时会车、让超车、让抢超车的准备，切不可盲目居中或靠左快速行驶，及时处置突发险情，要做到先慢、先让、先停。

6）驶入直道，加速行驶

驶至弯道出口时，逐渐向右回正转向，居车道路中央行驶，根据道路交通情况，加速行进。

2. 通过左侧盲区弯道潜在事故基本形态

如图 2-62 所示，通过左侧盲区弯道潜在事故基本形态：弯中撞山或坠崖、后车追尾、与对面车相撞、与超车相撞、与对面占道车辆相撞、弯中下沟、弯中坠崖等。

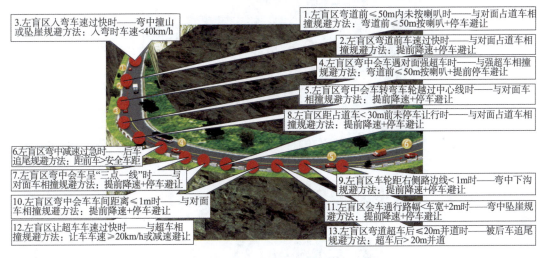

图 2-62　通过左侧盲区弯道潜在事故基本形态

任务实施

1. 模拟驾驶准备工作

按要求检查模拟器是否正常开机，调整座椅位置，规范系好安全带，检查转向盘、换挡操纵杆、加速踏板、制动踏板、离合器踏板以及仪表显示是否正常。若有异常情况，及时进行修复。

2. 模拟驾驶训练

（1）如图 2-63 所示，选择"左侧盲区弯道"训练项目并正确起动车辆。

汽车防御性驾驶技术

图 2-63 "左侧盲区弯道"训练项目

（2）如图 2-64 所示，听到"开始训练"语音提示后，按照正确通过左侧盲区弯道的行车程序，进行安全行车操作。

图 2-64 开始训练示意图

（3）如图 2-65 所示，为正确通过左侧盲区弯道的安全驾驶操作步骤，依据通过左侧盲区弯道程序，依次进行如下操作步骤。

图 2-65 通过左侧盲区弯道操作步骤

程序1：确认汽车周围及弯道安全状况。
程序2：提前降低车速。
程序3：入弯前鸣笛，靠道路右侧进入弯道。
程序4：顺弯向左转向，保持车速。
程序5：保持密切观察，及时处置突发情况。
程序6：驶出弯道，进入直道，正常行驶。

3. 模拟驾驶结束

听到"训练结束"语音提示后，结束行车操作，利用制动踏板让车辆停止，拉起驻车制动，将车辆挡位置于空挡并关闭发动机。

完成模拟驾驶训练后，解除安全带，检查模拟器各操作部件状态，记录本次训练成绩分析表，见附表1：防御性驾驶技术技能动态测评表。

任务评价

依据训练成绩分析表进行小组交流讨论，分享正确行车操作方法与经验，做出准确的任务评价与总结。

拓展训练

(1) 模拟"左盲区弯道车速≥50km/h时未按喇叭"训练，得出正确驶入车速和操作。
(2) 模拟"左盲区弯道超车车速≤20km/h时并道"训练，得出正确车速驾驶操作。

任务四　通过右侧盲区弯道

任务导入

通过右侧盲区弯道时，受到盲区、内轮差和离心力等多重因素影响，加之地理环境及车身条件的限制，转向不足的程度增加，往往操作难度更大。在这种情况下，一旦控制不好速度和角度，车辆就容易发生侧翻。驶入右侧盲区弯道过程中，如何合理降低车速、正确选择转向时机、停车避让以及规范操作？

任务描述

图2-66所示为通过右盲区弯道示意图式。本任务依据驾驶图式对通过右盲区弯道的步骤与要点进行学习与总结，并使用驾驶模拟器进行正确操作。

图 2-66 通过右盲区弯道图式

任务分析

驾驶人驾车通过右盲区弯道时,由于盲区过大,视线不良,极易出现意想不到的危险情况,要按照"减速,鸣喇叭,靠右行"的规则,提前降低车速,观察弯道的情况,同时注意车辆后方的情况。时刻注视弯道处突然出现车辆时,减速靠右行驶,才能安全正确的通过右盲区弯道。完成本任务,需重点完成以下安全行车操作:

(1)通过内、外后视镜观察左后与右方道路交通情况,确认汽车周围及弯道安全状况。
(2)根据右盲区弯道行驶注意事项,提前降低车速,按喇叭,靠道路右侧进入弯道。
(3)顺弯向右转向,保持车速的同时需密切观察,及时处置突发情况。
(4)依据理论学习、模拟驾驶训练,总结通过右盲区弯道要点。

知识链接

1. 通过右侧盲区的六大步骤

1)确认汽车周围及弯道安全状况

右盲区弯道视线不良,极易出现意想不到的危险情况,应观察前方、左侧和右侧,并通过内、外后视镜观察左后与右方道路交通情况,确认通过弯道时有无超车会车、让超车或停车的可能。

2)提前降低车速

在转弯前,应提前降低车速,根据弯道的大小,必要时换入低挡。

3)按喇叭,靠道路右侧进入弯道

在距弯道入口 30~50m 时,按喇叭,提示对面来车避让;再次确认右前、右侧和右后方安全状况,向右稍微转向,靠道路右侧进入弯道。

4)顺弯道向右转向

入弯后,应顺弯道的走势向右转向,保持汽车靠道路右侧顺弯行驶;保持匀速状态通过弯道。

5）密切观察，及时处置突发情况

要密切关注前方弯道交通变化情况，做好随时会车、让超车、让抢超车的准备，切不可盲目居中或靠左快速行驶，及时处置突发险情，要做到先慢、先让、先停。

6）驶入直道，加速行驶

驶至弯道出口时，逐渐向左回正转向，居车道路中央行驶，根据道路交通情况，加速行进。

2. 通过右侧盲区弯道潜在事故基本形态

如图 2-67 所示，通过右侧盲区弯道潜在事故基本形态：弯中撞山或坠崖、后车追尾、与对面车相撞、与超车相撞、与对面占道车辆相撞、弯中下沟等。

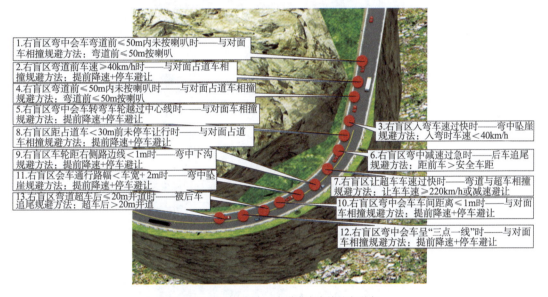

图 2-67 通过右侧盲区弯道潜在事故基本形态

任务实施

1. 模拟驾驶准备工作

按要求检查模拟器是否正常开机，调整座椅位置，规范系好安全带，检查转向盘、换挡操纵杆、加速踏板、制动踏板、离合器踏板以及仪表显示是否正常。若有异常情况，及时进行修复。

2. 模拟驾驶训练

（1）如图 2-68 所示，选择"通过右侧盲区弯道"训练项目并正确起动车辆。

（2）如图 2-69 所示，听到"开始训练"语音提示后，按照正确的通过右侧盲区弯道程序，进行安全行车操作。

（3）如图 2-70 所示，为正确通过右侧盲区弯道的安全驾驶操作步骤，依据通过右侧盲区弯道程序,依次进行如下操作步骤。

图 2-68 "通过右侧盲区弯道"训练项目

图 2-69 开始训练示意图

图 2-70 通过右侧盲区弯道操作步骤

程序1:确认汽车周围及弯道安全状况。
程序2:提前降低车速。
程序3:入弯前鸣笛,靠道路右侧进入弯道。
程序4:顺弯向右转向,保持车速。
程序5:保持密切观察,及时处置突发情况。
程序6:驶出弯道,进入直道,正常行驶。

3. 模拟驾驶结束

听到"训练结束"语音提示后,结束行车操作,利用制动踏板让车辆停止,拉起驻车制动,将车辆挡位置于空挡并关闭发动机。

完成模拟驾驶训练后,解除安全带,检查模拟器各操作部件状态,记录本次训练成绩分析表,见附表1:防御性驾驶技术技能动态测评表。

任务评价 》》》

依据训练成绩分析表进行小组交流讨论,分享正确行车操作方法与经验,做出准确的任务评价与总结。

拓展训练 》》》

(1)模拟"右盲区弯道前车速≥40km/h 时"训练,得出正确驾驶操作。
(2)模拟"右盲区弯道前≤50m 内未按喇叭时"训练,得出正确驾驶操作。

项目五
避让情况

据公安部统计,截至 2022 年 11 月底,全国机动车驾驶人数量已经超过 5 亿人,其中汽车驾驶人达到 4.63 亿人,汽车保有量达到 3.18 亿辆,我国全面跨入汽车社会,交通出行结构发生根本性变化,汽车出行成为交通常态。汽车保有量的逐年增加,使我国道路交通状况呈现拥挤状态,大多数大、中、小城市的主要道路交通拥堵现象明显。虽然目前我国高等级公路逐年增加,但人、车混行的混合道路仍占据一定比例,特别是在城市中心区域以及乡镇道路尤为明显,成为目前道路交通安全最突出的问题。在此类道路上,大部分交通事故发生的原因是双方驾驶人(或交通参与者)没有及时、合理的避让。我们在日常行车的过程中,需要紧急避让的情况并非只在高速公路上出现,其他道路行驶时也会遇上需要进行紧急避让的交通状况,诸如行人突然横穿马路、路中间突然出现障碍物等突发情况,或在夜间、雨天、雾天、雪天、乡村、山区等复杂气候和复杂道路条件下,如不能采取紧急措施进行有效合理的避让,就极有可能引发交通事故。因此,能够掌握合理避让原则,并正确、安全完成该项行车操作是驾驶人的必备知识与技能。

任务一　避让左侧情况

任务导入

汽车在道路上行驶,遇天气状况和路况都比较好的情况下,驾驶人常常选择提高车速,当遇到紧急情况时,往往措手不及,不知道该制动还是转向。这时候如果不能正确判断自己所驾驶车辆的速度与前方车辆或行人的速度、距离、走向是否构成碰撞的可能性,那就无法根据路况选择准确的避让方法。行驶过程中避让左侧情况时,如何合理向右侧变更行进路线?特殊气候条件下如何及时处置突发情况?

任务描述

图 2-71 所示为避让左侧情况示意图式。本任务为依据驾驶图式对避让左侧情况的步骤与要点进行学习与总结,并使用驾驶模拟器进行正确操作。

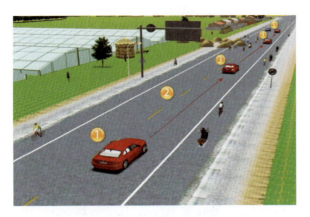

图 2-71 避让左侧情况驾驶图式

📝 任务分析 »»»

驾驶人驾车在道路行驶,突遇左侧障碍物情况,需要在紧急情况下采取降低车速、安全规范选择并道时机等操作,进行合理有效的避让才能安全正确地避开障碍物。完成本任务,需重点完成以下安全行车操作:

(1)通过内、外后视镜观察后方道路交通情况,确认是否可以向右侧变更行进路线。

(2)根据避让左侧情况驾驶规范,开启右转向灯,3s后,再度确认右前后方安全状况,向右变更行进路线。

(3)根据变更车道操作规范,正确操作驶回原行进路线,且关闭左转向灯。

(4)根据避让左侧情况驾驶过程中的操作规范,正确处置特殊气候条件下的突发情况。

(5)依据理论学习、模拟驾驶训练,总结避让要点。

📖 知识链接 »»»

1. 避让左侧情况的五大步骤

1)确认周围安全状况

观察不到位,极易出现意想不到的危险情况,应观察前方、左侧和右侧,并通过内、外后视镜观察左后与右方道路交通情况,确认通过时有无超车会车、让超车或停车的可能。

2)开启右转向灯

开启右转向灯,示意变更方向,使前后方的车辆有充足的时间避让。

3)3s后,再次确认右方安全状况

开灯3s后,再次确认前后方安全状况,与前后车留有适当的安全跟车距离。安全跟车距离通常为车速的米数值,即40km/h车速的安全跟车距离为40m。

4)向右变更行进路线

距左侧情况20~25m时,开始向右转向,保持车体与障碍物的安全间距1m以上,逐渐向左回正转向盘,使汽车与道路呈平行状态直行。

5)驶回原行进路线

从左后视镜内,看到已完全超过了所避让的情况时,开启左转向灯,向左变更行进路线,驶回原行进路线,且关闭左转向灯。

2. 避让左侧潜在事故基本形态

如图2-72所示,避让左侧潜在事故基本形态:后车追尾、与对面车相撞、避让过急引侧翻、与障碍物相撞等。

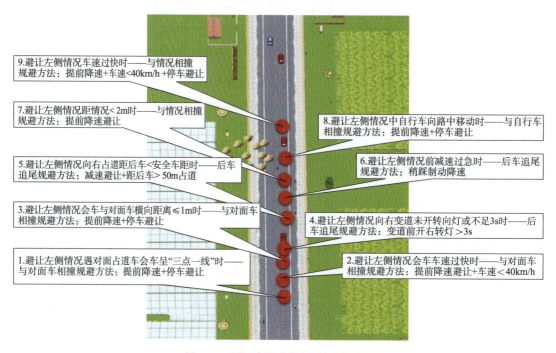

图2-72 避让左侧情况潜在事故基本形态

任务实施

1. 模拟驾驶准备工作

按要求检查模拟器是否正常开机,调整座椅位置,规范系好安全带,检查转向盘、换挡操纵杆、加速踏板、制动踏板、离合器踏板以及仪表显示是否正常。若有异常情况,及时进行修复。

2. 模拟驾驶训练

(1)如图2-73所示,选择"避让左侧情况"训练项目并正确起动车辆。

(2)如图2-74所示,听到"开始训练"语音提示后,按照正确避让左侧情况程序,进行安全行车操作。

(3)如图2-75所示,为正确避让左侧情况的安全驾驶操作步骤,依据避让左侧情况程序,依次进行如下操作步骤。

图 2-73 "避让左侧情况"训练项目

图 2-74 开始训练示意图

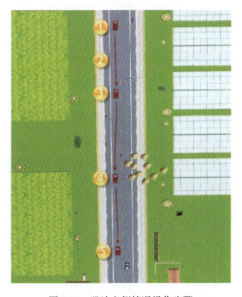

图 2-75 避让左侧情况操作步骤

程序1：确认右前后方安全状况。
程序2：开启右转向灯。
程序3：3s后，再度确认右前后方安全状况。
程序4：向右变更行进路线。
程序5：驶回原行进路线，正常行驶。

3. 模拟驾驶结束

听到"训练结束"语音提示后，结束行车操作，利用制动踏板让车辆停止，拉起驻车制动，将车辆挡位置于空挡并关闭发动机。

完成模拟驾驶训练后，解除安全带，检查模拟器各操作部件状态，记录本次训练成绩分析表，见附表1：防御性驾驶技术技能动态测评表。

任务评价

依据训练成绩分析表进行小组交流讨论，分享正确行车操作方法与经验，做出准确的任务评价与总结。

拓展训练

(1) 模拟"避让左侧情况会车车速 >40km/h 时"训练，得出正确驶入车速。
(2) 模拟"避让左侧情况距左侧情况 <2m 时"训练，得出正确间隔距离。
(3) 模拟"避让左侧情况遇对面占道车会车呈'三点一线'时"训练，得出正确操作步骤。

任务二　避让右侧情况

任务导入

汽车在混合道路上行驶避让右侧情况时，经常要借道行驶。因此，特别要注意观察对面来车情况，以及右前方状况，防止出现意想不到的危险。每一次事故的发生都有一个时间过程，虽然这个过程很短，但只要我们充分利用、正确根据路况选择准确的操作和避让方法，就能减少事故损失或避免事故的发生。行驶过程中避让右侧情况时，如何合理向左侧变更行进路线？如果右侧情况是运动体，如何及时处置突发情况？

任务描述

图2-76所示为避让右侧情况示意图式。本任务为依据驾驶图式对避让右侧情况的步骤与要点进行学习与总结，并使用驾驶模拟器进行正确操作。

图 2-76 避让右侧情况驾驶图式

任务分析

驾驶人驾车在道路行驶,突遇右侧障碍物情况,需要借道行驶,因此特别需要观察前方对面来车情况以及右侧情况,在紧急情况下采取降低车速、安全规范选择并道时机等操作,进行合理有效的避让才能安全正确的避开障碍物。完成本任务,需重点完成以下安全行车操作:

(1)通过内、外后视镜观察后方道路交通情况,确认是否可以向左侧变更行进路线。

(2)根据避让右侧情况驾驶规范,开启左转向灯,3s后,再度确认左前后方安全状况,向左变更行进路线。

(3)根据变更车道操作规范,正确操作驶回原行进路线,且关闭右转向灯。

(4)根据避让右侧情况驾驶规范,正确处置特殊气候条件下的突发情况。

(5)依据理论学习、模拟驾驶训练,总结避让右侧情况要点。

知识链接

1. 避让右侧情况的五大步骤

1)确认左前方安全状况

观察左前方、左侧,并通过内、外后视镜观察后方道路交通情况,确认是否可以向左侧变更行进路线。

2)开启左转向灯

开启左转向灯,示意变更方向,使前后方的车辆有充足的时间避让。

3)3s后,再次确认左前方安全状况

开灯3s后,再次确认前后方安全状况,与前后车留有适当的安全跟车距离。安全跟车距离通常为车速的米数值,即40km/h车速的安全跟车距离为40m。

4)向左变更行进路线

距右侧情况20~25m时,开始向左转向,在车头右四分之一处对正障碍物的左边线时,开始向右回转转向盘;保持车体与障碍物的安全间距1m以上,逐渐向左回正转向盘,使汽车与道路呈平行状态直行。

5）驶回原行进路线

从右后视镜内,看到已完全超过了所避让的情况时,开启右转向灯,向右变更行进路线,驶回原行进路线,且关闭右转向灯。

2. 避让右侧情况潜在事故基本形态

如图 2-77 所示,避让右侧情况潜在事故基本形态:后车追尾、与对面车相撞、与障碍物相撞等。

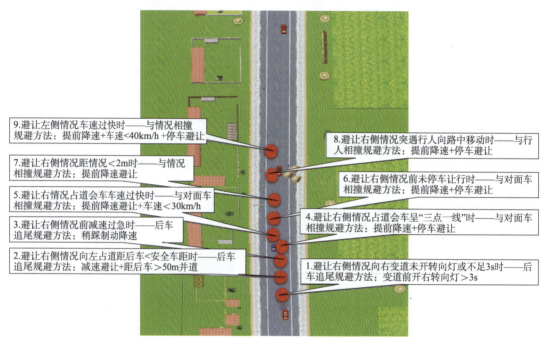

图 2-77　避让右侧情况潜在事故基本形态

任务实施

1. 模拟驾驶准备工作

按要求检查模拟器是否正常开机,调整座椅位置,规范系好安全带,检查转向盘、换挡操纵杆、加速踏板、制动踏板、离合器踏板以及仪表显示是否正常。若有异常情况,及时进行修复。

2. 模拟驾驶训练

（1）如图 2-78 所示,选择"通过山路"训练项目并正确起动车辆。

（2）如图 2-79 所示,听到"开始训练"语音提示后,按照正确避让右侧情况的程序,进行安全行车操作。

（3）如图 2-80 所示,为正确避让右侧情况的安全驾驶操作步骤,依据避让右侧情况程序,依次进行如下操作步骤。

图 2-78 "通过山路"训练项目

图 2-79 开始训练示意图

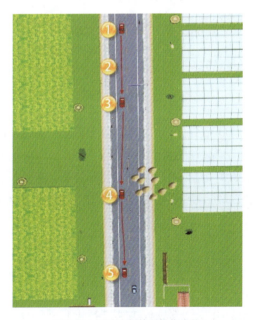

图 2-80 避让右侧情况操作步骤

程序1：确认左前后方安全状况。
程序2：开启左转向灯。
程序3：3s后，再度确认左侧前后方安全状况。
程序4：向左变更行进路线。
程序5：驶回原行进路线，正常行驶。

3. 模拟驾驶结束

听到"训练结束"语音提示后，结束行车操作，利用制动踏板让车辆停止，拉起驻车制动，将车辆挡位置于空挡并关闭发动机。

完成模拟驾驶训练后，解除安全带，检查模拟器各操作部件状态，记录本次训练成绩分析表，见附表1：防御性驾驶技术技能动态测评表。

任务评价

依据训练成绩分析表进行小组交流讨论，分享正确行车操作方法与经验，做出准确的任务评价与总结。

拓展训练

（1）模拟"避让右侧情况向左占道距后车＜安全车距时"训练，得出正确驾驶操作。
（2）模拟"避让右侧情况占道会车车速过快时"训练，得出正确驾驶操作。
（3）模拟"突遇右侧情况向路中移动时"训练，得出正确驾驶操作。

任务三　兼顾道路两侧

任务导入

汽车在人车混行的城镇道路上会车时，道路两侧都会不断地出现机动车、非机动车、行人等，应全面观察道路交通情况，注意降低车速，必要时停车等待，待对向车辆通过后再继续行驶。由于交通情况复杂多变，驾驶人无法兼顾道路两侧情况，容易造成交通安全事故。在人车混行的道路上行驶，如何合理兼顾道路两侧情况安全驾驶？特殊气候条件下如何及时处置突发情况？

任务描述

图2-81所示为兼顾道路两侧示意图式。本任务依据驾驶图式对兼顾道路两侧行车的步骤与要点进行学习与总结，并使用驾驶模拟器进行正确操作。

图 2-81　兼顾道路两侧图式

📝 任务分析 »»

驾驶人在复杂交通情况下驾车行驶时需要兼顾道路两侧情况,要求在一定的距离与时间内完成变道行驶以及特殊气候的紧急情况处理等操作,才能安全正确地完成驾驶操作任务。完成本任务,需重点完成以下安全行车操作:

(1) 通过内、外后视镜观察道路交通情况,确认前、后方安全状况。
(2) 根据兼顾道路两侧驾车规范,降低车速、修正方向,居中行驶。
(3) 根据兼顾道路两侧驾车规范,控制行驶速度,及时处置突发情况。
(3) 根据兼顾道路两侧驾车规范,确认安全后,加速行进。
(4) 依据理论学习、模拟驾驶训练,总结兼顾道路两侧行车要点。

📖 知识链接 »»

1. 兼顾两侧情况的五大步骤

1) 确认周围安全状况

道路两侧情况均保持直线运动,且无横穿道路的企图;由后侧视镜确认右、左后方无任何超车的情况;道路中间有足够的路宽,即汽车通过时车体两侧距离道路两侧情况不得少于1m。

2) 降低车速,适时鸣笛

适当放松加速踏板,根据距两侧情况的距离确定通过车速;必要时,制动降速,根据需要提前减挡;适时鸣笛。

3) 修正方向居中行驶

根据道路两侧情况的变化,对车辆行驶方向作适当修正,兼顾道路两侧情况,居中行驶。

4) 控制行驶速度,及时处置突发情况

判定道路两侧情况的变化,有无改变原行驶路线的情况,有无横穿道路的可能,随时准备降速或停车。

5）确认安全后,加速行进

通过道路两侧情况后,确认视线盲区内无突发情况后,即可根据道路交通状况加速行进。

2.兼顾道路两侧情况潜在事故基本形态

如图 2-82 所示,兼顾道路两侧情况潜在事故基本形态:后车追尾、与对面车相撞、与障碍物相撞等。

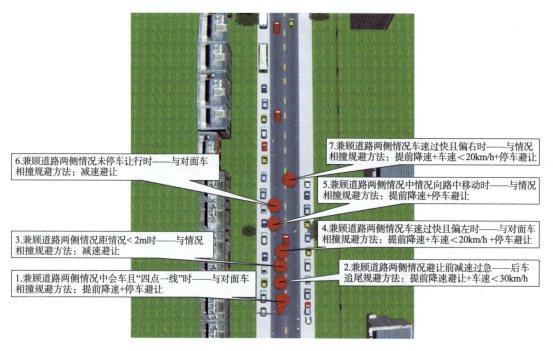

图 2-82　兼顾道路两侧潜在事故基本形态

任务实施

1.模拟驾驶准备工作

按要求检查模拟器是否正常开机,调整座椅位置,规范系好安全带,检查转向盘、换挡操纵杆、加速踏板、制动踏板、离合器踏板以及仪表显示是否正常。若有异常情况,及时进行修复。

2.模拟驾驶训练

（1）如图 2-83 所示,选择"通过山路"训练项目并正确起动车辆。

（2）如图 2-84 所示,听到"开始训练"语音提示后,按照正确兼顾道路两侧情况程序,进行安全行车操作。

（3）如图 2-85 所示,为正确兼顾道路两侧情况的安全驾驶操作步骤,依据兼顾道路两侧情况程序,依次进行如下操作步骤。

图 2-83 "通过山路"训练项目

图 2-84 开始训练示意图

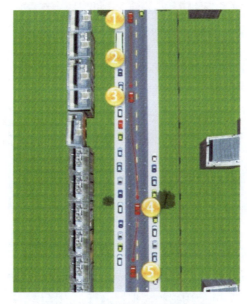

图 2-85 兼顾道路两侧情况操作步骤

程序 1：确认前方安全状况。
程序 2：降低车速，适时鸣笛。
程序 3：修正方向，居中行驶。
程序 4：控制行驶速度，及时处置突发情况。
程序 5：确认安全后，加速行进。

3. 模拟驾驶结束

听到"训练结束"语音提示后，结束行车操作，利用制动踏板让车辆停止，拉起驻车制动，将车辆挡位置于空挡并关闭发动机。

完成模拟驾驶训练后，解除安全带，检查模拟器各操作部件状态，记录本次训练成绩分析表，见附表 1：防御性驾驶技术技能动态测评表。

任务评价

依据训练成绩分析表进行小组交流讨论，分享正确行车操作方法与经验，做出准确的任务评价与总结。

拓展训练

（1）模拟"兼顾道路两侧情况避让前减速过急"训练，得出正确驾驶操作？
（2）模拟"距两侧情况 <2m 时"训练，得出正确驾驶操作？
（3）模拟"突遇右侧情况向路中移动时"训练，得出正确驾驶操作？

任务四　通过铁路道口

任务导入

铁路道口指的是车辆、行人和火车交叉的地方，分为有人看守道口和无人看守道口，一旦发生事故，易造成严重后果。过有人看守道口时应服从道口工作人员指挥，栏杆放下时不可强行跨越；过无人看守道口时应注意道口信号灯，并查看道口两侧是否有火车，确认安全时方可通过。在车辆、行人和火车交叉的道路上行驶，如何合理兼顾道路情况安全驾驶？

任务描述

图 2-86 所示为通过铁路道口示意图式。本任务依据驾驶图式对通过铁路道口行车的步骤与要点进行学习与总结，并使用驾驶模拟器进行正确操作。

图 2-86 通过铁路道口图式

任务分析 >>>

驾驶人通过有人看守的道口时,应服从道口管理人员的指挥,依次停车;在通过无人看守的道口时,应在道口停车线前或距道口 5m 处停车,认真观察,切不可盲目驶入道口。完成本任务,需重点完成以下安全行车操作:

(1)观察交通标志与信号,确认左右两侧铁路上的安全状况。
(2)根据通过铁路道口行车规范,降入低速挡、保持车速一次通过。
(3)根据通过铁路道口行车规范,及时处置突发情况。
(4)通过后应根据道路交通状况,加速驶离道口。
(5)依据理论学习、模拟驾驶训练,总结通过铁路道口行车要点。

知识链接 >>>

1. 通过铁路道口的四大步骤

1)确认前方与左右两侧铁路上的安全状况

道口附近交通情况复杂,视线不良,应认真观察,切不可盲目驶入道口。通过无人看守的道口时,应在道口停车线前停车,观察交通标志与信号,确认左右两侧铁路上的安全状况。有前方车时,必须在前车通过道口并驶离约 10m 以上的距离后,才可进入。

2)保持车速,一次通过,切勿中途停车

提前换入低速挡,保证车辆动力,稳速进入道口;穿越铁路应连续通过,切勿在火车行驶区域内变速、制动和停车,力争一次通过。

3)迅速处置突发情况

通过中途熄火时,应使用起动机强制驱动汽车前行;若发生事故阻塞铁路,应迅速按动报警装置或点燃火把,向列车发送警示信号。注意轨道、连接螺栓等突出物,避免损伤轮胎。

4)确保安全,加速驶离道口

通过途中应保持平稳车速,通过后应根据道路交通状况,加速驶离道口。

2. 通过铁路道口潜在事故基本形态

如图 2-87 所示,通过铁路道口潜在事故基本形态:后车追尾、与前车追尾、与列车相撞、追尾前车等。

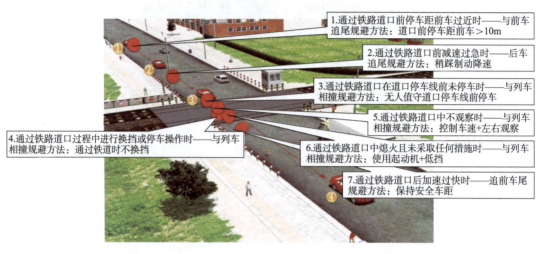

图 2-87　通过铁路道口潜在事故基本形态

任务实施

1. 模拟驾驶准备工作

按要求检查模拟器是否正常开机,调整座椅位置,规范系好安全带,检查转向盘、换挡操纵杆、加速踏板、制动踏板、离合器踏板以及仪表显示是否正常。若有异常情况,及时进行修复。

2. 模拟驾驶训练

(1) 如图 2-88 所示,选择"避让情况"训练项目并正确起动车辆。

图 2-88　"避让情况"训练项目

(2)如图 2-89 所示,听到"开始训练"语音提示后,按照正确通过铁路道口的程序,进行安全行车操作。

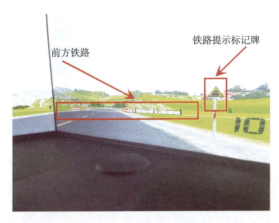

图 2-89　开始训练示意图

(3)如图 2-90 所示,为正确通过铁路道口的安全驾驶操作步骤,依据通过铁路道口程序,依次进行如下操作步骤。

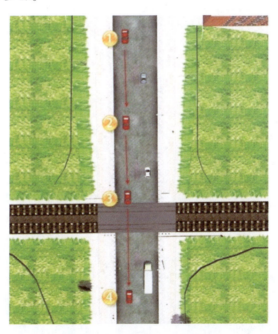

图 2-90　通过铁路道口操作步骤

程序 1:铁路道口前停车观察。

程序 2:确认前方与左右两侧铁路上的安全状况。

程序 3:保持车速,一次通过,切勿中途停车。

程序 4:迅速处置突发情况。

程序 5:确认安全后,加速驶离道口。

3. 模拟驾驶结束

听到"训练结束"语音提示后,结束行车操作,利用制动踏板让车辆停止,拉起驻车制动,将车辆挡位置于空挡并关闭发动机。

完成模拟驾驶训练后,解除安全带,检查模拟器各操作部件状态,记录本次训练成绩分析表,见附表1:防御性驾驶技术技能动态测评表。

任务评价

依据训练成绩分析表进行小组交流讨论,分享正确行车操作方法与经验,做出准确的任务评价与总结。

拓展训练

(1)模拟"通过铁路道口前减速过急时"训练,得出正确驾驶操作。
(2)模拟"通过铁路道口在道口停车线前未停车时"训练,得出正确距入口处距离。
(3)模拟"通过铁路道口中熄火且未采取任何措施时"训练,得出正确措施。

模块三
MODULE 3

危险场景防御性驾驶训练

📊 学习目标 ▶▶▶

1. 知识目标

(1) 识记各路线案例的处置方法。

(2) 熟记各防御性驾驶动作的操作要点。

2. 能力目标

(1) 正确完成危险场景防御性驾驶训练。

(2) 根据不同驾驶场景选择对应驾驶方式。

3. 素养目标

(1) 培养安全、规范驾驶意识。

(2) 对危险场景驾驶训练有理性认识。

汽车防御性驾驶技术

项目一
嵩明—待补路段危险场景防御性驾驶训练

嵩明—待补二级公路地势北西高、南东低，地形陡峭而复杂，自然地理地质环境特殊，发生过多起重特大交通事故。因此，在嵩明—待补高速公路行车过程中，熟练掌握进隧道前超车并强行并道、冰雪路面侧滑和后方车辆强行超车等危险场景的正确处置操作，从而完成危险场景安全驾驶技能的训练与提升，是驾驶人必需的知识与技能。

任务一　隧道前遇超车并强行并道的处置

任务导入

进隧道前，要严格按限速行车。隧道内的地上标线以白色单实线施划，不允许变换车道。隧道两侧较窄，超车时容易与路基或者防护栏发生碰撞，造成交通安全事故。若进隧道前遇超车并强行并道，如何合理处置？如何合理规避交通事故？

任务描述

如图 3-1 所示，学习、总结进隧道前遇超车并强行并道的正确处置步骤与要点，并使用驾驶模拟器进行正确操作训练。

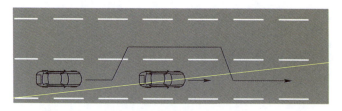

图 3-1　超车并道

任务分析

驾驶人驾车进隧道前遇到超车并强行并道时，依据交通安全相关规定，被超车后安全避让需要在一定的里程与时间内完成降低车速、安全规范避让等操作，才能安全正确的避让后方超车。进隧道前超车并强行并道是不符合道路交通安全相关要求的，但面对该危险场景时，该如何正确避让，从而避免被动涉及事故。完成本任务，需重点完成以下安全行车操作：

(1) 根据二级公路行车速度规定，在车道合理减速避让。

(2) 根据二级公路各车道车辆行驶情况，正确选择避让时机。

(3) 依据理论学习、模拟驾驶训练，总结进隧道前超车并强行并道避让要点。

知识链接

1. 日常行驶让超车正确操作步骤

汽车在行驶中，应该观察后方有无车辆尾随，特别是在特殊环境下，如发现有车要求超越，则根据道路、交通情况来估计是否允许后车超越，做到礼让、平稳、安全。

(1) 汽车在行驶中，当发现后车发出超车信号后，应根据道路、交通情况来决定是否减速让路。不可一遇有车超车立即就让车，要视道路右侧情况决定是否进行让车操作。如果汽车行驶在道路条件和交通情况不允许的时候，应另选择合适的路段让车。

注意：在确保本车安全的前提下才能进行让车！同时，若道路交通条件允许，应主动减速靠右行，必要时，用手势或开右转向灯示意让后车顺利超越。切勿故意不让车以及被超越时故意加速等。

(2) 当向后方车示意需让车后，本车突然发现右前方出现新的障碍物或其他情况时，不得突然向左急转绕过，应及时采取减速、制动或停车，让超越车辆超过，确认安全后，方可起步行驶。

(3) 后车超越后，驾驶人应注意观察本车后视镜，在确认无其他车辆连续超越时，方可变右转向灯为左转向灯逐渐驶回正常的行驶路线，然后关闭转向灯，正常向前行驶。

(4) 让超车必须让路并让速。

(5) 让超车后，必须确认后方无其他车辆跟随超越后，本车再驶入正常行驶路线。特别要防止超车时因前方情况变化，而在超越后突然向右侧挤靠情况的发生。

(6) 让超车过程中，不得进行任何形式的超越，不得突然向左侧变更行进路线。遇有突发情况，可以提前示意后方车辆停止超车同时用喇叭或灯光示意对向来车驾驶人，如果后方车辆强行超车并道，只能制动减速或者停车待后车超越后再行驶。

2. 日常行驶让超车注意事项

(1) 确定让超车环境安全。根据一般公路交通标志指示，让超车前，认真观察道路和交通情况，确认安全后，给后车发出让超车信号，提前做好让超车的准备工作。

(2) 适当降低车速。确定安全后，应提前降低车速。此时降速，可适当放松加速踏板并轻踩制动踏板，适当降低车速，不得强制突然降速，以免后车造成追尾等危险。

(3) 开启右转向灯，适当向右让道。注意观察后车，让超车时横向车距不得小于1m。

(4) 认真观察，提前减速或停车避让。在让超车过程中突然遇到对向来车，应及时用灯光或喇叭示意对向车辆及后方车辆驾驶人,同时要果断地减速或停车,给后方超越车辆留出足够的并道空间。

(5)驶入正常位置,关闭右转向灯,继续行驶。驶入右侧正常行驶车道位置,关闭右转向灯,继续认真观察道路通行环境,确保安全行驶。

任务实施

1. 模拟驾驶准备工作

按要求检查模拟器是否正常开机,调整座椅位置,规范系好安全带,检查转向盘、换挡操纵杆、加速踏板、制动踏板、离合器踏板以及仪表显示是否正常。若有异常情况,及时进行修复。

2. 模拟驾驶训练

(1)如图 3-2 所示,选择"嵩明—待补"训练项目并正确起动车辆。

图 3-2 "嵩明—待补"训练项目

(2)如图 3-3 所示,听到"开始训练"语音提示后,按照正确隧道前遇超车并强行并道的处置程序,进行安全行车操作。

图 3-3 开始训练示意图

(3)如图 3-4 所示,驾驶中控距、控速,注意观察前后车辆状态。

危险场景防御性驾驶训练 | 模块三

图 3-4　控距、控速示意图

（4）如图 3-5 所示，遇超车并强行并道时，注意减速慢行，确保安全的情况下适量向右让行。

图 3-5　减速慢行及让行示意图

（5）如图 3-6 所示，后车超越后，驾驶人应注意观察本车后视镜，确认无车辆连续超越后，修正方向正常向前行驶并控距、控速确保安全。

图 3-6　确保安全行驶示意图

（6）如图 3-7 所示，若让超车过程中，发生碰撞时，秉持"先避人，后避物"的原则。

图 3-7　让超车时碰撞措施示意图

3. 模拟驾驶结束

听到"训练结束"语音提示后，结束行车操作，利用制动踏板让车辆停止，拉起驻车制动手柄，将车辆挡位置于空挡并关闭发动机。

完成模拟驾驶训练后，解除安全带，检查模拟器各操作部件状态，记录本次训练成绩分析表,见附表1:防御性驾驶技术技能动态测评表。

任务评价

依据训练成绩分析表进行小组交流讨论,分享正确让超车操作方法与经验,做出准确的任务评价与总结。

拓展训练

(1)模拟"让超车时紧急避让"训练,得出让超车时的规范操作。
(2)模拟"后方车辆强行超车遇对向车强行变道"训练,得出正确让超车时的避让距离。

任务二 冰面侧滑处置

任务导入

所谓"侧滑"就是车辆急加速、突然制动或起动时转矩过大而产生的侧向甩动的现象,俗称"甩尾"。造成车辆侧滑的因素很多,例如:雪天、雨天、冰面上行车时突然减速或加速;车辆紧急制动时,后轮比前轮先抱死等都极易发生车辆侧滑而造成事故。那么,车辆在冰面行驶时,如何规避车辆侧滑?若发生侧滑,应如何处置避免交通事故?

任务描述

车辆侧滑如图3-8所示。依据防御性驾驶要求对冰面侧滑处置要求与要点进行学习与总结,并使用驾驶模拟器进行正确操作。

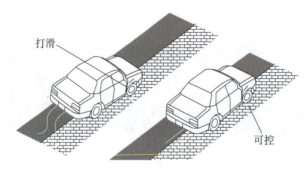

图3-8 车辆侧滑

任务分析

驾驶人驾驶车辆在冰面发生侧滑时,依据侧滑处置的要求,需要在一定的里程与时间内完成提升车速、安全规范并道等操作,才能安全正确的对侧滑进行规避和处置,从而避免交通事故的发生。通常情况下,防止车辆出现侧滑的方法如下:

(1)检车车轮的定位参数,必要时进行调整。

(2)检查轮胎花纹、气压等是否符合标准。对制动系统进行检查,排除因制动力偏差造成"制动跑偏"的隐患。

(3)禁止不合理的装载。常见的不合理装载:超重、超高、重心偏移等,不合理装载,改变车辆重心,从而导致车辆的抗侧翻性和行驶稳定性降低。

(4)在易滑路面行驶,控速慢行。谨慎使用制动,避免紧急制动。

(5)下长坡和下陡坡的时候,视情况用发动机制动。

(6)使用制动的过程中,避免频繁制动。

(7)在转弯的时候,提前控制车速,避免高速转弯。

(8)下坡、停车之前禁止使用空挡滑行。

(9)冰雪路面(附着系数小),车辆易发生侧滑,应尽量保持汽车低速匀速行驶,避免急加速、紧急制动,确保车辆平稳行驶。

知识链接

1.冰雪道路侧滑规范处置

一般情况下,冰雪道路侧滑有四轮侧滑、前轮侧滑、后轮侧滑三种情况。车辆发生侧滑的处置方法,要根据具体情况来决定。当车辆出现侧滑时,要握稳转向盘,视情况松加速踏板。其具体的侧滑方式与处置方法见表3-1。

侧滑方式与对应处置方法　　　　　　　　表3-1

侧滑方式	处置方法
冰面引发侧滑	紧握转向盘,勿猛打转向,勿猛踩制动,间隙制动
加速引发侧滑	立即减速,使驱动力变小以消除驱动轮滑转引起的侧滑,同时用转向盘控制方向
离心力过大引发侧滑	握稳转向盘,逐渐松抬加速踏板(切勿制动或换挡),同时向车轮侧滑的方向打转向盘,打转向盘时要顾及道路条件及转动幅度,防止车辆继续侧滑
制动不当引发侧滑	立刻解除制动,也可以踩下离合器,使后脱离发动机牵引,减小制动摩擦力,调整与路面制动力的差距,同时把转向盘转向后轮侧滑一侧,打转向时不能过急,及时回转进行调整

2.冰雪道路侧滑规范处置步骤

(1)汽车起步。在雪地行车时,未安装防滑链的汽车起步时,可采取比平时高一级的挡位。利用离合器半联动和轻踏加速踏板的办法实现平稳起步。起步困难时,可在驱动轮下铺垫干草、沙子等物品辅助起步。

(2)冰雪天车辆侧滑规范使用制动。冰雪路行车中如遇紧急情况,可强行减挡、快摘准挂,采用间歇制动和一拉一松驻车制动杆的方法减速停车,避免使用紧急制动,防止发生侧滑、翻车等事故。若因制动引起侧滑,应立即松开制动(使车轮保持滚动),稳住或减小加速踏板,前轮转向侧滑方向,待车尾恢复直线时,使方向回正,并控制好车速,使汽车驶入正常路线。在冰雪路上减速或停车时,应尽量使用预见性制动,并尽可能地运用发动机的牵制作用制动。

(3)转弯驾驶。汽车行经弯道时,要提前松抬加速踏板,平稳降速。转弯时,若不妨碍对向来车,转弯半径可以增大。操作转向盘时,不可急转猛回,做到早转或少转,以防车轮侧滑。

(4)尾随行驶的方法。尾随行驶应与前车保持较大的纵向距离,一般为正常道路条件的1.5~3倍,即最小在50m。遇有前车放慢速度,后车需要减速时,采用间歇缓踏制动踏板辅以驻车制动的方法,切忌急减速或使用驻车制动过急过猛。

3. 冰雪天侧滑处置注意事项

(1)要保持车况良好,特别是转向系统、制动系统应有效、可靠,不得有行驶跑偏、制动跑偏的现象。

(2)起步要缓。起步时离合器可半联动,轻踩加速踏板,使发动机在不熄火的情况下输出较小动力,以避免雪路起步驱动轮打滑。若驱动轮打滑,铲除车轮下的冰雪,并在驱动轮下撒上干沙、煤渣、柴草等物,以提高附着系数,使汽车顺利起步。

(3)注意观察路况。道路被积雪覆盖后,行车时驾驶人不易分清道路、沟坎及路面状况。这时应根据行道树、路标、水渠等仔细观察,判明行车路线,沿着道路中心或积雪较浅处通过。

(4)切忌车速过快。在冰雪路上行车一定要控制好车速,一般不超过30km/h。特别是在转弯或下坡时,必须将车速控制在能随时停车范围。需要加速或减速时,应缓缓踏下或松开加速踏板,以防驱动轮因突然增速或减速而打滑,甚至发生侧滑和甩尾。

(5)不能跟车过近。驾驶人应根据地形、车速等情况,与前车拉开距离,一般应拉开正常行驶距离的2倍以上(一般不得小于50m)。行驶中应尽量利用发动机的牵阻作用控制车速。必须使用行车制动器时,应在不踏离合器的情况下,间断性轻踏制动踏板。

任务实施

1. 模拟驾驶准备工作

按要求检查模拟器是否正常开机,调整座椅位置,规范系好安全带,检查转向盘、换挡操纵杆、加速踏板、制动踏板、离合器踏板以及仪表显示是否正常。若有异常情况,及时进行修复。

2. 模拟驾驶训练

(1)如图3-9所示,选择"嵩明—待补"训练项目并正确起动车辆。

(2)如图3-10所示,听到"开始训练"语音提示后,按照正确冰面侧滑处置的程序,进行安全行车操作。

(3)如图3-11所示,利用离合器半联动和轻踏加速踏板的办法实现平稳起步。

危险场景防御性驾驶训练 | 模块三

图 3-9 "嵩明—待补"训练项目

图 3-10 开始训练示意图

图 3-11 冰雪道路车辆起步示意图

（4）如图 3-12 所示，冰雪路行车中如遇紧急情况，可强行减挡，快摘准挂，采用间歇行车制动和驻车制动的方法减速停车。

（5）如图 3-13 所示，转弯使用转向盘时，不可急转猛回，做到早转或少转，以防车轮侧滑。

127

图 3-12　冰雪道路车辆侧滑规范使用制动示意图

图 3-13　冰雪道路转弯驾驶示意图

（6）如图 3-14 所示，尾随行驶应与前车保持较大的纵向距离。

图 3-14　冰雪道路尾随车辆行驶的方法示意图

3. 模拟驾驶结束

听到"训练结束"语音提示后，结束行车操作，利用制动踏板让车辆停止，拉起驻车制动手柄，将车辆挡位置于空挡并关闭发动机。

完成模拟驾驶训练后，解除安全带，检查模拟器各操作部件状态，记录本次训练成绩分析表，见附表 1：防御性驾驶技术技能动态测评表。

任务评价

依据训练成绩分析表进行小组交流讨论，分享冰雪道路行车正确操作方法与经验，做出准确的任务评价与总结。

拓展训练

（1）模拟"行驶车速≤20km/h时驾驶"训练，得出正确行驶速度。
（2）模拟"跟车距离≤50m侧滑"训练，得出正确跟车行驶距离。

任务三　后方及对向车辆强行超车处置

任务导入

超车，即车辆到了另外一辆车的侧面，从后面跨越前面同方向行驶的车辆。用于超车的车道通常是内侧车道，即较靠近路中间而离路肩较远的车道。在靠右行驶的地域，超车道为靠左的车道；在靠左行驶的地域，超车道为靠右的车道。此阶段需要驾驶人正确完成避让超车、车辆减速靠右、安全避让对向车辆等重要操作。但是由于车速过高、对向来车变道操作不规范以及避让时机选择错误等原因，往往造成交通安全事故。因此，避让强行超车过程中，应合理减速、选择合适避让时机以及规范操作。

任务描述

图 3-15 所示为货车后轿车强行超车。避让后方车辆强行超车的步骤与要点，并进行学习与总结，使用驾驶模拟器进行正确操作。

图 3-15　货车后轿车强行超车

任务分析

在避让后方车辆强行超车时，依据避让超车变道以及行车速度的规定，需要在一定的里程与时间内完成减速甚至停车、选择合适避让时机、安全规范避让等操作，才能安全正确的避免交通事故。完成本任务，需重点完成以下安全行车操作：

(1)根据道路各车道车辆行驶情况,正确选择时机避让后方车辆强行超车。
(2)根据道路行驶操作规范,正确操作避让。
(3)根据道路行车速度(匝道)规定,合理加减车速。
(4)依据理论学习、模拟驾驶训练,总结避让同向后方车辆强行超车操作重点。

知识链接

1. 强行超车的危害

强行超车时,由于不具备超车条件,存在横向间距小、车速快、操控稳定性下降等不良因素,从而形成了交通事故隐患。强行超车在车辆行驶过程中,频率越高,发生交通事故的概率急剧增加,交通安全危害增加。同时,在不具备超车条件的情况下强行超车,极有可能与对向来车相撞,又有可能与被超车或对向车发生碰擦。如图3-16所示为强行超车碰撞对向来车。

图3-16 强行超车碰撞对向来车

2. 避让后方及对向车辆强行超车处置步骤

(1)确认行车环境的安全状况。山区道路行车出现盲区时,务必减速慢行,谨慎驾驶。遇到对向的车辆强行占道超车,立即避让。

(2)及时示意,降低车速。适时鸣笛或使用灯光来提醒对方放弃超车,减速慢行和避让。

(3)从容镇定,规范处置。若对方仍强行超车,本方不能及时避让的情况下,及时安全停车。

(4)向右避让,确保安全。及时减速并向右避让。注意观察右侧是否有其他车辆,并确保向右避让区域安全。

(5)开启危险报警灯。待完全向右靠边避让安全停车后,开启危险报警闪光灯,并根据交通情况起步行驶且保持安全行驶状态。

3. 避让后方及对向车辆强行超车注意事项

(1)遇对向车辆强行超车占道行驶,确保安全前提下,迅速减速行驶。

(2)适时鸣笛或使用灯光提醒对方减速慢行和避让,放弃超车。

(3)对方仍强行超车,及时减速慢行的同时,要认真观察车辆的倒车镜,判断是否可以变道行驶。如果车辆后方有车,不能及时避让,则安全停车。

(4)避让时请注意右方是否有车辆、行人等,确保右方以及右后方空间安全。

任务实施

1.模拟驾驶准备工作

按要求检查模拟器是否正常开机,调整座椅位置,规范系好安全带,检查转向盘、换挡操纵杆、加速踏板、制动踏板、离合器踏板以及仪表显示是否正常。若有异常情况,及时进行修复。

2.模拟驾驶训练

(1)如图3-17所示,选择"嵩明—待补"训练项目并正确起动车辆。

图3-17 "嵩明—待补"训练项目

(2)如图3-18所示,听到"开始训练"语音提示后,按照正确避让后方车辆强行超车的处置程序,进行安全行车操作。

图3-18 开始训练示意图

(3)如图3-19所示,驾驶中控距控速,注意观察前后车辆状态。

图3-19　控距控速示意图

(4)如图3-20所示,驾驶中减速慢行,保持横向安全会车距离。

图3-20　保持横向安全会车距离示意图

(5)如图3-21所示,遇强行超车时,及时减速或停车让行,同时用喇叭和灯光示意对方车辆驾驶人停止超车,驶回原车道。

图3-21　遇强行超车时示意图

(6)如图3-22所示,避让对向车辆强超车后,注意观察后方及前方道路通行情况,谨慎驾驶,谨防突发情况。

图3-22　避让安全行车示意图

3. 模拟驾驶结束

听到"训练结束"语音提示后,结束行车操作,利用制动踏板让车辆停止,拉起驻车制动手柄,将车辆挡位置于空挡并关闭发动机。

完成模拟驾驶训练后,解除安全带,检查模拟器各操作部件状态,记录本次训练成绩分析表,见附表1:防御性驾驶技术技能动态测评表。

任务评价 >>>

依据训练成绩分析表进行小组交流讨论,分享正确紧急避让的操作方法与经验,做出准确的任务评价与总结。

拓展训练 >>>

(1)模拟"对向车辆后方车强行超车处置"训练,得出避让强超车时的规范操作。

(2)模拟"对向车道后车强行超车避让"训练,得出正确避让横纵向距离。

项目二
通海—建水路段危险场景防御性驾驶训练

通海—建水高速公路是 214 省道晋宁—思茅的主要路段,也是 213 国道和 323 国道的连接线。同时,该路也是连接玉溪市和红河州的最便捷通道。通建高速公路北起通海县城,南至鸡石高速公路建水立交桥,全长 62.7 公里,红河境内 47.3 公里,双向四车道,该路比老线缩短里程 16.3 公里。在通海—建水高速公路行驶时,需要正确掌握突遇落石、团雾和路面油污的处置操作方法与要点,并正确、安全完成该项危险场景运输任务。

任务一 落石路段安全行车操作

任务导入

该路段山区道路较多,雨季天,公路两侧存在石头松动掉落的风险,在行驶中要注意观察路面情况,发现路面有落石要注意减速或者停车观察,判断是否有落石继续掉落,确认安全后方可通行。此阶段需要驾驶人正确完成注意观察与安全减速停车两项重要操作。在落石路段行驶时,车速过快、观察不仔细等原因,往往造成交通安全事故。因此,在该类路段行驶时,为保证行车安全,如何仔细观察、选择合适减速停车避让的时机以及规范操作?

任务描述

图 3-23 所示为落石处置。依据驾驶操作要点对突遇落石处置的步骤与要点进行学习与总结,并使用驾驶模拟器进行正确操作。

图 3-23 落石砸车

任务分析

驾驶人通过事故体验后,在行车中遇到类似情况就能做到提前减速,采取必要的措施提前预防事故的发生,从而提高防御性驾驶意识与安全操作能力,达到减少交通事故的目的。完成本任务,需重点完成以下安全行车操作:

(1)根据落石路段路面情况,正确观察路面情况,判断是否有落石情况发生。
(2)根据落石情况,正确操作避让,防止发生碰撞。
(3)根据道路行车速度(匝道)规定,安全快速驶出落石路段。
(4)依据理论学习、模拟驾驶训练,总结突遇落石的安全操作重点。

知识链接

1. 落石高危路段的特征

如图3-24所示,沿山而建的道路比较容易出现落石,特别是山体不牢的路段,此类路段会设置警示标志来提醒车辆驾驶人。同时,如果该路段有自然灾害发生,如强降雨、地震所导致的山体滑坡、泥石流等,引发落石的风险增高。因此,经过此路段的时候要提高注意力,谨慎驾驶。

图3-24 落石高危路段

2. 正确通过落石高危路段行车步骤

(1)确认通行道路的安全状况。临近危险路段前应了解前方道路情况,以便采取适当措施,避免出现突发情况。

(2)通过时谨慎驾驶。进入危险路段应减速慢行,认真观察,前方路面有散乱的大小石块、泥块或堆石时,考虑是否有塌方和滑坡,选择安全位置停车,细心观察,待确认安全后,方可通过。

(3)突遇落石的规范处置。行车中切忌犹豫不定或在疑似危险地段停车。若车前方突遇落石,应立即停车,后倒避让。同时要立即开启危险报警闪光灯,鸣笛示意。如果险情发生在车后,或有碎石落在车上或车旁时,切勿停车察看,应加速前进一段路程,选择安全地点再停车处理。遇到塌方严重,暂时无法排除时,应及时掉头迂回或找安全场地停车等待。

3. 通过落石高危路段注意事项

(1)驾车行至塌方路段时,根据情况采取相应的措施:坍塌严重,短时间内无法排除时,若汽车还未通过塌方地的路段,应及时将汽车掉头绕道或找安全场地待命;如果塌方不严重,应配合现场工作人员指挥通行。

(2)驾车通过塌方路段时,要密切注意山体异响,凡是落下石块或泥土,均需提高注意力,谨慎驾驶,谨防二次落石、塌方,造成意外伤害。若行驶车辆无法避让泥石流、落石时,应及时弃车逃生,等待救援。

任务实施

1. 模拟驾驶准备工作

按要求检查模拟器是否正常开机,调整座椅位置,规范系好安全带,检查转向盘、换挡操纵杆、加速踏板、制动踏板、离合器踏板以及仪表显示是否正常。若有异常情况,及时进行修复。

2. 模拟驾驶训练

(1)如图 3-25 所示,选择"通海—建水"训练项目并正确起动车辆。

图 3-25 "通海—建水"训练项目

(2)如图 3-26 所示,听到"开始训练"语音提示后,按照正确突遇落石的处置程序,进行安全行车操作。

(3)如图 3-27 所示,临近危险路段前应了解前方道路情况,提高注意力,谨慎驾驶。

(4)如图 3-28 所示,进入危险路段应减速慢行,认真观察。

(5)如图 3-29 所示,突遇车前落石,应立即停车后避让。

图 3-26　开始训练示意图

图 3-27　确认通行道路的安全状况示意图

图 3-28　通过时谨慎驾驶示意图

图 3-29　突遇落石的规范处置示意图

（6）如图 3-30 所示，碎石落在车上或车旁时，切勿停车察看，应加速前进一段路程，选择安全地点再停车处理。

图3-30　落石砸中车辆的规范处置示意图

3. 模拟驾驶结束

听到"训练结束"语音提示后,结束行车操作,利用制动踏板让车辆停止,拉起驻车制动,将车辆挡位置于空挡并关闭发动机。

完成模拟驾驶训练后,解除安全带,检查模拟器各操作部件状态,记录本次训练成绩分析表,见附表1:防御性驾驶技术技能动态测评表。

任务评价

依据训练成绩分析表进行小组交流讨论,分享正确避让落石操作方法与经验,做出准确的任务评价与总结。

拓展训练

(1) 模拟"驶入车速≤30km/h 时并道"训练,得出正确通过落石路段车速。

(2) 模拟"突遇落石滚落路面"训练,得出正确的紧急避让措施。

任务二　制动失效处置

任务导入

车辆在长下坡路段行驶时,由于频繁使用行车制动器,使车辆制动器出现工作不良或因热衰退导致制动失效现象。此类情况,多发于山区道路等连续下坡路段。驾驶车辆行驶过程中,由于超载、制动系统长期缺乏保养、制动系统磨损严重或者频繁紧急制动等因素的影响,可能导致汽车出现制动失效的情况。汽车制动失效是严重影响行车安全的不利情况,在日常驾驶车辆过程中要尽量避免。如果在行车中行车制动失效,应迅速合理使用驻车制动并及时挂入低速挡,控制转向盘,及时避让其他车辆、行人以及障碍物,驾车驶向较安全的地方。因此,需要驾驶人掌握正确处置制动失效的方法与操作步骤,从而合理规避因制动失效而导致的交通事故。

危险场景防御性驾驶训练 | 模块三

📙 任务描述 》》》

图 3-31 所示为运用汽车驾驶模拟器模拟车辆制动失效事故。通过本任务的练习,对驾驶过程中发生制动失效情况时,驾驶人如何正确进行处置的步骤与要点进行学习、掌握,并使用驾驶模拟器进行实际操作训练。

图 3-31 制动失效示意图

📝 任务分析 》》》

车辆驾驶过程中遇到制动失效时,首先应及时控制好行车方向,并且迅速打开危险警报灯和降低变速器挡位,同时合理使用驻车制动和发动机制动来降低车速,千万不可以强行变道。遇到自救匝道时,应及时驶入自救匝道,使车辆安全停止。完成本任务,需重点完成以下安全行车操作:

(1)根据紧急避险原则,保持冷静,继续控制转向盘、开启危险报警灯。
(2)根据紧急避险原则,来回踩踏制动踏板,尽快挂入低速挡。
(3)根据紧急避险原则,利用一切可以利用的障碍物降低车辆速度。
(4)依据理论学习、模拟驾驶训练,总结制动失效处置要点。

📑 知识链接 》》》

1. 车辆制动失效的原因和相关知识

汽车在行驶中,若连续踩下制动踏板到最大行程,车辆均无减速,则车辆出现制动失效,具体原因可根据制动踏板行程、踩制动踏板时的软硬感觉、踏下制动踏板后的稳定性以及制动时踏板增高度进行初步判断。

遇车辆制动失效时,切勿慌乱,安全停车后,初步判断故障的原因,及时解除故障,确保安全行车。若不能现场处理,则呼叫救援进行车辆维修,切不可强行驾驶车辆。车辆制动失效常见原因见表 3-2。

制动失效的现象与原因   表 3-2

现象	原因
连续制动,踏板高度稍有增高,并有弹性感	制动管路中渗入了空气
连续制动,踏板高度随之增高且制动效能好转	制动鼓与摩擦片或总泵活塞与推杆的间隙过大
连续制动到最大行程,并感到踏板毫无反力	总泵储液室内制动液严重亏损
维持制动时,踏板的高度若缓慢或迅速下降	制动管路某处破裂、接头密闭不良或分泵皮碗密封不良,其回位弹簧过软或折断,或总泵皮碗、皮圈密封不良,回油阀及出油阀不良

2. 车辆制动失效处置措施

(1) 保持头脑冷静。集中注意力,注意前方的车辆、行人以及障碍物,控制转向盘,注意查看是否有异物卡住制动踏板。

(2) 及时减速,控制车辆并发出危险信号。立即开启危险报警闪光灯,握稳转向盘,松开加速踏板,抢挂低速挡减速。配备有发动机排气制动、缓速器等辅助制动装置的车辆,同时开启辅助制动及缓速器装置。

(3) 不断踩踏制动踏板,尝试恢复制动系统的压力,降低车辆速度。

(4) 提示车内人员扶稳坐好,充分利用紧急避险车道、坡道或路侧障碍物(如路侧护栏等)降低车辆速度直至停车。紧急情况下,可利用车体靠向山体、护栏以及前保险杠斜向撞击山坡,迫使车辆停住,以减小损失。

(5) 若进入弯道或转弯之前制动失效,首先控制住方向,并快速逐级抢挂低速挡,可以视情况决定是否使用驻车制动。确保转弯之前车速下降,再转动转向盘。过弯或转弯的过程中,不可使用驻车制动,以免造成车辆"侧滑",从而导致更严重交通事故。

(6) 下坡路段制动失效后,应立即寻找并驶入紧急避险车道。停车后,拉紧驻车制动器,以防后溜发生二次险情。若无可利用的地形和时机,迅速逐级降挡,利用发动机制动作用控制车速,谨慎使用驻车制动。

(7) 上坡路段制动失效,迅速减挡,保持足够的动力,慢速上坡顶后自然停车。

(8) 停车后,按安全规范在来车方向同车道摆放危险警告标志,在车轮下放置垫木或石块,防止车辆溜滑,及时查明原因,请求援助。原因未查明时,不得冒险继续驾驶。

3. 车辆制动失效的预防措施

(1) 定期维护制动系统。

(2) 正确使用制动,防止热衰退。

(3) 做好行车前制动系统检查。

任务实施

1. 模拟驾驶准备工作

按要求检查模拟器是否正常开机,调整座椅位置,规范系好安全带,检查转向盘、换挡操纵杆、加速踏板、制动踏板、离合器踏板以及仪表显示是否正常。若有异常情况，及时进行修复。

2. 模拟驾驶训练

（1）如图 3-32 所示，选择"制动失效"训练项目并正确起动车辆。

图 3-32　"制动失效"训练项目

（2）如图 3-33 所示，听到"开始训练"语音提示后，按照正确制动失效的处置程序，进行安全行车操作。

图 3-33　制动失效开始训练示意图

（3）如图 3-34 所示，保持头脑冷静。集中注意力，注意前方的车辆、行人以及障碍物，控制转向盘，注意查看是否有异物卡住制动踏板。

图 3-34　保持头脑冷静示意图

（4）如图 3-35 所示，立即开启危险报警闪光灯，握稳转向盘，松开加速踏板，抢挂低速挡减速。配备有发动机排气制动、缓速器等辅助制动装置的车辆，同时开启辅助制动及缓速器装置。

（5）如图3-36所示，不断踩踏制动踏板，尝试恢复制动系统的压力，降低车辆速度。

图3-35　握稳转向盘示意图　　　　　　　图3-36　连续踩踏制动踏板示意图

（6）如图3-37所示，提示车内人员扶稳坐好，充分利用紧急避险车道、坡道或路侧障碍物（如路侧护栏等）降低车辆速度直至停车。紧急情况下，可利用车体靠向山体、护栏以及前保险杠斜向撞击山坡，迫使车辆停住，以减小损失。

图3-37　失控车辆自救匝道示意图

（7）如图3-38所示，若进入弯道或转弯之前制动失效，首先控制住方向，并快速逐级抢挂低速挡，可以视情况决定是否使用驻车制动。确保转弯之前车速下降，再转动转向盘。过弯或转弯的过程中，不可使用驻车制动，以免造成车辆"侧滑"，从而导致更严重交通事故。

图3-38　制动失效弯道行驶示意图

(8)如图3-39所示,下坡路段制动失效后,应立即寻找并驶入紧急避险车道。停车后,拉紧驻车制动器,以防后溜发生二次险情。若无可利用的地形和时机,迅速逐级降挡,利用发动机制动作用控制车速,谨慎使用驻车制动。

图3-39 避险车道示意图

(9)如图3-40所示,上坡路段制动失效,迅速减挡,保持足够的动力,慢速上坡顶后自然停车。

图3-40 制动失效上坡行驶示意图

(10)如图3-41所示,停车后,按安全规范在来车方向同车道摆放危险警告标志,在车轮下放置垫木或石块,防止车辆溜滑,及时查明原因,请求援助。原因未查明时,不得冒险继续驾驶。

图3-41 制动失效停车后操作示意图

3. 模拟驾驶结束

听到"训练结束"语音提示后,结束行车操作,利用制动踏板让车辆停止,拉起驻车制

动,将车辆挡位置于空挡并关闭发动机。

完成模拟驾驶训练后,解除安全带,检查模拟器各操作部件状态,记录本次训练成绩分析表,见附表1:防御性驾驶技术技能动态测评表。

任务评价

依据训练成绩分析表进行小组交流讨论,分享车辆制动失效后的正确操作方法与经验。

拓展训练

(1)模拟"行驶过程中制动失效,直接降到1挡"训练,得出正确依顺序降挡?

(2)模拟"行驶过程中制动失效后,突然拉起驻车制动"训练,得出制动失效后正确拉驻车制动的操作方法?

(3)模拟"行驶过程中制动失效,依次降挡"训练,得出制动失效的正确操作方法?

任务三　油污路段安全行车操作

任务导入

行驶中要注意观察路面,当出现路面颜色变化可能是路面有油污或积水,此时需要正确完成减速降挡,握稳方向轻微修正以及使用车辆惯性平稳通过等重要操作。通过油污、积水路面时,若采取高速通过、紧急制动、猛转方向等行车操作,往往造成交通安全事故。

任务描述

图3-42所示为路面油污。本任务对通过油污路段处置的步骤与要点进行学习与总结,并使用驾驶模拟器进行正确操作。

图3-42　路面油污

📝 任务分析

途径油污路段时,依据交通安全的规定,需要在一定时间内完成降低车速、安全规范等操作,才能安全正确的驶离路面油污路段。完成本任务,需重点完成以下安全行车操作:

(1)根据各车道车辆行驶情况,正确选择变道时机。

(2)根据高速公路并道操作规范,正确操作并入减速车道。

(3)根据高速公路行车速度(匝道)规定,合理降低车速并控制车辆行驶方向。

(4)依据理论学习、模拟驾驶训练,总结驶离油污路段要点。

📖 知识链接

1. 油污路面的危害

汽油、柴油以及各种润滑油污染是道路交通安全的重大风险因素。各类油液污染沥青路面后,易造成路面沥青溶化,降低沥青路面的使用寿命,甚至损坏沥青路面。同时,由于路面存在油液,降低路面与车轮的摩擦系数,极易引起车辆打滑失控,诱发交通事故风险极高。因此,驾驶车辆出车前要严格检查汽车各部位,及时消除漏油隐患。一旦发生漏油事件,要马上采取补救措施,用木屑、砂土等覆盖路面,吸收油渍,并清除干净,避免发生二次危害。

2. 油污侧滑处置的应急处置步骤

(1)放眼远方,提前发现。行车过程中,要放眼远方,谨慎驾驶。当发现前方出现突发情况时,一定要提前减速,提前预防,并通过内、外后视镜观察后方道路交通情况,用连续制动的方式提示后方车辆,且保持与前车的适当距离。

(2)进入油污区前,务必合理降低车速。及时降低车速,油污路面行驶车速控制在20km/h以下,同时开启危险报警闪光灯,提示后方车辆有充足的时间减速避让。若需要停车避让,认真观察周围车辆情况,避免发生追尾事故。

(3)轻微修正转向,稳定控制车辆行驶。通过油污路面时,若车辆发生侧滑,不要慌张,紧握转向,轻微修正,切不可猛打转向避让。若车辆碰撞已经无法避免,牢记"先避人,后避物"的原则。

(4)油污路面,切勿使用制动。通过油污路面时,不得使用制动。由于路面油液降低了路面与车轮的摩擦系数,踩踏制动踏板时极易使车轮抱死,从而失去转向能力,导致车辆失控。完全通过油污路面后,不可猛加速驶离。因为经过油污路面后,轮胎上留有大量油迹,猛加速容易造成车辆侧滑,应谨慎行驶一段路程后,关闭危险报警闪光灯。

3. 通过油污路段的注意事项

(1)晴天发现前方路面有油污,立即减速使车辆安全通过油污路面。如果前方已经发生交通事故,则应立即停车,避免二次事故发生。

(2)雨天在行车途中,发现车辆出现摆尾现象,应及时松开加速踏板并稳住方向,如果前方没有障碍物,待车辆稳定后继续慢速安全的通过油污路面。

(3)如果前方已经发生事故,待车身稳定后,轻踩制动使车辆安全地停下来。切记猛打方向和紧急制动,易造成车辆失控,发生二次事故。

任务实施

1. 模拟驾驶准备工作

按要求检查模拟器是否正常开机,调整座椅位置,规范系好安全带,检查转向盘、换挡操纵杆、加速踏板、制动踏板、离合器踏板以及仪表显示是否正常。若有异常情况,及时进行修复。

2. 模拟驾驶训练

(1)如图3-43所示,选择"湿滑-油污"训练项目并正确起动车辆。

图3-43 "湿滑-油污"训练项目

(2)如图3-44所示,听到"开始训练"语音提示后,按照正确的油污路面侧滑的处置程序,进行安全行车操作。

图3-44 油污路面侧滑训练示意图

(3)如图3-45所示,驶入油污路段前,控距控速,放眼远方。

(4)如图3-46所示,发现路面油污,安全降低速度至20km/h以下,同时开启危险报警闪光灯。

图 3-45　驶入油污路段前的规范驾驶示意图

图 3-46　路面油污,提前降速示意图

(5) 如图 3-47 所示,油污侧滑,冷静处置:轻微修正转向,切忌大幅修正转向,谨慎使用制动。

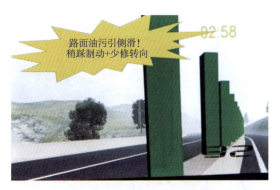

图 3-47　油污侧滑,冷静处置示意图

3. 模拟驾驶结束

听到"训练结束"语音提示后,结束行车操作,利用制动踏板让车辆停止,拉起驻车制动,将车辆挡位置于空挡并关闭发动机。

完成模拟驾驶训练后,解除安全带,检查模拟器各操作部件状态,记录本次训练成绩分析表,见附表 1:防御性驾驶技术技能动态测评表。

任务评价

依据训练成绩分析表进行小组交流讨论,分享正确行车操作方法与经验,做出准确的任务评价与总结。

拓展训练

(1) 模拟"行驶车速≤30km/h 通过油污"训练,得出正确行驶车速。

(2)模拟"驶入距油污路面≤100m时减速"训练,得出正确距油污路面处距离。

任务四　突遇团雾安全行车操作

任务导入

高速公路上行车时,与常见的雨雾天气相比,"团雾"引发交通事故的风险更高。主要是因为团雾体积小、变化快、生命周期短,难以预测和回避。突遇团雾时,驾驶人首先要松开加速踏板,通过合理制动将车辆降速到符合交通法规要求的范围内,开启危险报警灯和雾灯,并进行鸣笛;若听到其他车辆有鸣笛,立即进行回应等重要操作。突遇团雾处置过程中,如何合理降低车速、选择合适行车道以及发出警示信号等规范操作?

任务描述

图3-48所示为突遇团雾。本任务对突遇团雾处置的步骤与要点进行学习与总结,并使用驾驶模拟器进行正确操作。

图3-48　突遇团雾

任务分析

驾驶人驾车突遇团雾时,依据交通法规要求,需要在一定的里程与时间内完成降低车速、安全规范操作以及发出警示信号等操作,才能安全正确的驶出团雾区。完成本任务,需重点完成以下安全行车操作:

(1)根据高速公路各车道车辆行驶情况,合理降低车速,谨防追尾事故发生。

(2)根据高速公路行车安全要求,发出警示灯光信号。

(3)当能见度小于200m大于100m时,时速不得超过60km;能见度小于100m大于50m时,时速不得超过40km;能见度在30m以内时,时速就要控制在20km以下。

(4)在团雾中,如果能见度小于10m,应将车辆行驶到路边安全地带停车并打开警示信号灯,等能见度符合车辆行驶要求时再上路行驶。

(5)团雾路段跟车行驶,切勿超车,保持低速行驶直到驶出团雾区。

(6)依据理论学习、模拟驾驶训练,总结突遇团雾处置的要点。

知识链接

1. 能见度距离与行车速度标准

雾天驾驶最重要的注意事项是控制车速,雾天行车速度的快慢,应以雾的浓度和视线距离为准,其具体的视线距离与速度规定见表3-3。

视线距离与速度规定　　　　　　　　　　　表3-3

视线距离	速度标准	视线距离	速度标准
200m＜能见度＜500m	速度不得超过80km/h	15m＜能见度＜30m	速度应控制在20km/h以下
100m＜能见度＜200m	速度不得超过60km/h	能见度在15m以下	应选择适当的地点靠边停车
50m＜能见度＜100m	速度不得超过40km/h		

2. 突遇团雾的安全行车步骤

(1)行驶中突遇团雾,视大雾浓度情况应及时开启前后雾灯、示廓灯、小灯和危险报警闪光灯,并将左侧门窗玻璃落下2/3,减速慢行。行进中注意观察前后两方的车辆,并及时鸣笛以提示对方。

(2)开启警示灯光信号。白天应开启雾灯和示廓灯,夜间应开启雾灯、近光灯或示廓灯,并应多鸣喇叭,以引起行人和其他车辆的注意。减速慢行,始终保持车道行驶或靠右行驶,切勿随意变道。根据能见度,适当降低车速,当能见度在30m左右,车速不得超过15km/h;能见度在15m以下时应安全停车。听到来车鸣笛应当给予回应,会车时要鸣笛、开灯光示意,以免相撞。

(3)雾中行驶,切勿随意超车。紧急情况需超车时,确保在前车让超、前方可视距离足以满足超车时,再进行超越。

(4)遇有会车时,应开启前照灯,转换远近光灯的方法以提示对方。能见度不足时,鸣笛进行互相提示。

(5)能见度在15m以下、不具备安全行驶条件时,驾驶人应就近选择道路出口低速驶出,或驶入公路服务区停车,应向后方的跟行车发出信号。其方法是:在抬起加速踏板汽车自动减速的同时,用右脚连续不断地轻踏行车制动踏板,使制动灯连续闪亮来提醒跟行汽车,停车过程要放慢,制动的距离要拉长,停车后不要立即熄火,应继续开启灯光设备,以防后车追尾。

3. 雾天驾驶注意事项

(1)注意路面及地理环境,尤其是通过村庄、路口、车站及行驶于山路转弯处时,应仔细观察周围情况,做好避让停车的准备。

(2)能见度在30m以内时,车速不得超过20km/h。能见度减至15m以下时,应及时靠边选择安全地点停车,并打开雾灯、近光灯或示廓灯,待浓雾散后再继续行驶。

(3)雾天跟车行驶时,应密切注意前车动态,保持较大的跟车距离,适当控制车速,切勿随意变道,以防发生碰撞;白天雾中行驶,避免开前照灯行驶,强光照在雾上会引起散射,影响视线,造成视距缩短,甚至看不清前方的路面和交通情况。

(4)雾中行车发生道路堵塞时,应立即停车,打开危险报警闪光灯;减速或停车时不可过急,防止后方车辆追尾。如果在高速公路上,应在安全停车以后迅速撤离到护栏外的安全区域。

(5)雾中发生事故时,应保护好事故现场,立即抢救伤员,并及时报警。

任务实施

1. 模拟驾驶准备工作

按要求检查模拟器是否正常开机,调整座椅位置,规范系好安全带,检查转向盘、换挡操纵杆、加速踏板、制动踏板、离合器踏板以及仪表显示是否正常。若有异常情况,及时进行修复。

2. 模拟驾驶训练

(1)如图3-49所示,选择"通海-建水"训练项目并正确起动车辆。

图3-49 "通海-建水"训练项目

(2)如图3-50所示,听到"开始训练"语音提示后,按照正确的突遇团雾处置步骤与程序,进行安全行车操作。

图3-50 突遇团雾训练示意图

(3) 如图 3-51 所示,驶入起雾路段,及时开启雾灯、示廓灯。

图 3-51　开启灯光示意图

(4) 如图 3-52 所示,谨慎驾驶,控距控速。

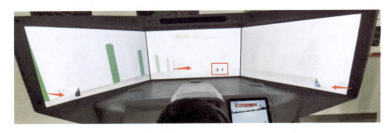

图 3-52　雾天正常行驶中的规范驾驶示意图

(5) 如图 3-53 所示,突遇紧急情况时,连续不断踩踏制动踏板后,立即安全停车,打开危险报警闪光灯。

图 3-53　雾天突遇紧急情况的规范处置示意图

3. 模拟驾驶结束

听到"训练结束"语音提示后,结束行车操作,利用制动踏板让车辆停止,拉起驻车制动,将车辆挡位置于空挡并关闭发动机。

完成模拟驾驶训练后,解除安全带,检查模拟器各操作部件状态,记录本次训练成绩分析表,见附表 1:防御性驾驶技术技能动态测评表。

任务评价 >>>

依据训练成绩分析表进行小组交流讨论,分享正确行车操作方法与经验,做出准确的任务评价与总结。

拓展训练 >>>

模拟"驶入车速≤20km/h 大雾路段"训练,得出正确行驶车速?

项目三
安宁—楚雄路段危险场景防御性驾驶训练

云南省安楚（安宁至楚雄）高速公路是国家重点工程，它的建成突破了滇西公路交通"瓶颈"，使滇西大道从安宁到保山之间470多千米路段全部成为高速公路。公路于2003年2月开工建设，2005年6月17日全线贯通，全长约130km，总投资38.5亿元。它是昆明市连接缅甸边境重镇木姐市公路的重要路段，途经隧道7个。随着经济社会的发展，高速公路车辆通行量与日俱增，同时由于安宁—楚雄高速公路属于事故多发路段，造成了交通事故频发的问题，特别是重特大交通事故的风险增高。因此，高速公路行车，需要熟练掌握高速公路出口前左侧车辆强行变道驶出、未及时避让前方停止车辆等处置步骤与方法，才能正确、安全完成该项危险场景运输任务，是全体驾驶人的必需知识与技能。

任务一　及时避让前方停止车辆处置

任务导入 >>>

避让前方停止车辆，此阶段需要驾驶人正确完成提前降速、停车避让两项重要操作。但是由于车速过快、驾驶操作不规范等原因，往往造成交通安全事故。因此，避让前方停止车辆过程中，如何合理提前减速、停车避让？

任务描述 >>>

图3-54所示为避让前方停止车辆。本任务对及时避让前方停止车辆的步骤与要点进行学习与总结，从而使用驾驶模拟器进行正确操作。

任务分析 >>>

驾驶人避让前方停止车辆时，依据高速公路行驶以及停车的规定，需要在一定的里程与时间内完成提前减速、安全停车避让或变更车道等操作，才能安全正确的避让前方车辆。

完成本任务,需重点完成以下几点:
(1)根据公路行车速度规定,在车道合理提前减速。
(2)根据公路各车道车辆行驶情况,正确选择停车避让或变更车道。
(3)根据公路避让前方停止车辆操作规范,正确操作。
(4)依据理论学习、模拟驾驶训练,总结未及时避让前方停止车辆要点。

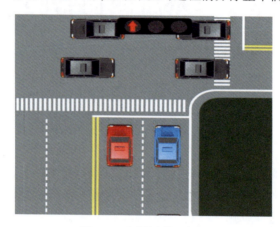

图3-54 避让前方停止车辆

知识链接

1. 不同车速的安全车距

日常行车,特别是高速公路、隧道等,需要合理控制与前车的距离,确保安全行车,必须保持当前车紧急制动或者突然变道驶离时,后车随之制动而不与前车相撞的安全车距。其具体的速度与安全车距见表3-4。

速度与安全车距　　　　　　表3-4

车速(km/h)	安全车距(m)	车速(km/h)	安全车距(m)
20	10	70	65
30	15	80	80
40	25	90	95
50	35	100	>100
60	50	>100	大于车速数值

注:上述数值仅供一般道路条件下驾驶参考,特殊道路和特殊天气条件下要适当加大跟车距离。

2. 隧道内控制跟车距离的行车步骤

(1)确认跟车环境的安全状况。进入隧道之前,认真观察限速标志,不得超过限速行驶,同时根据车速确定跟车距离。跟车的时候除观察前车外,还需观察其前方车辆。若车速较快时,易发生连环追尾。因此,跟车的时候要保持匀速,不要急加速或急减速,时刻关注前车的速度,尽量保持与前车速度一致,以保证跟车安全距离。

(2)开启示廓灯,做到引人注意。开启示廓灯,示意前、后方车辆。进入隧道之后,隧道内的光线可能会不足,及时打开车灯提示后方车辆,如遇突发情况,有充足的时间减速或停车避让。

(3)前方车辆突然停车的处理。隧道内行车应该谨慎驾驶。正确判断车辆的安全距离,控制行驶速度,特别是前方为大型车辆,无法清晰地看清更远位置的车流情况时,则应拉大与前车的距离,从而当前方车辆紧急制动或猛然向两侧变道时,保证驾驶的车辆能够及时停车或安全避让。

3. 行车中跟车的注意事项

(1)在车流中,不压分道线的前提下,和前车保持一定横向差距,方便观察前车车辆的动态,也为后方车辆提供较好的观察视野,从而降低被追尾的风险。

(2)后车制动不及时易造成追尾,所以保持合理的安全车距就显得尤为重要,切勿跟车太近。

(3)若前车制动灯亮时,及时松开加速踏板,把脚放在制动踏板上并观察前车情况,随时准备制动。从后视镜观察跟行车跟得过近时,应采取轻点制动踏板的方法进行提示。

(4)如需紧急制动,尽量降低对后方车辆的威胁。踩下制动踏板的右脚,在还未用力时迅速放松,随之再用力踏下,如此操作会使制动灯二次闪亮后车速才开始骤减,为后方行车提供提前反应的时间。

任务实施

1. 模拟驾驶准备工作

按要求检查模拟器是否正常开机,调整座椅位置,规范系好安全带,检查转向盘、换挡操纵杆、加速踏板、制动踏板、离合器踏板以及仪表显示是否正常。若有异常情况,及时进行修复。

2. 模拟驾驶训练

(1)如图 3-55 所示,选择"安宁-楚雄"训练项目并正确起动车辆。

图 3-55 "安宁-楚雄"训练项目

(2)如图 3-56 所示,听到"开始训练"语音提示后,按照正确避让前方停止车辆的步骤与程序,进行安全行车操作。

图 3-56　避让前方停止车辆训练示意图

(3)如图 3-57 所示,进入隧道之前,认真观察限速标志,同时根据车速确定跟车距离。

图 3-57　确认跟车环境的安全状况示意图

(4)如图 3-58 所示,开启示廓灯,示意前后方车辆。

图 3-58　示意后方车辆示意图

(5)如图 3-59 所示,前方车辆紧急制动或猛然向两侧变道,紧急制动避让,开启危险报警闪光灯。

图 3-59　避让前方车辆突然停车的处置示意图

(6)如图 3-60 所示,关闭报警闪光灯,确认安全后,谨慎驾驶。

图 3-60　安全行驶示意图

3. 模拟驾驶结束

听到"训练结束"语音提示后,结束行车操作,利用制动踏板让车辆停止,拉起驻车制动,将车辆挡位置于空挡并关闭发动机。

完成模拟驾驶训练后,解除安全带,检查模拟器各操作部件状态,记录本次训练成绩分析表,见附表1:防御性驾驶技术技能动态测评表。

任务评价 »»

依据训练成绩分析表进行小组交流讨论,分享正确行车操作方法与经验,做出准确的任务评价与总结。

拓展训练 »»

(1)模拟"行驶车速≤60km/h 时突遇前方停驶车辆"训练,得出正确跟车车速。
(2)模拟"跟车距离≤50m 时突遇前方停驶车辆"训练,得出正确跟车距离。

任务二　追尾前车处置

任务导入 »»

在车流量较大的道路上行驶时,由于道路交通情况复杂,若是不能合理控制车距,容易导致发生追尾事故。因此,日常行车过程中,需要根据道路交通状况以及车辆行驶速度,合理控制安全车距。若已经发生追尾事故,应当立即停车,保护现场,设置危险警示标志。切勿采取逃逸、争吵甚至殴打驾驶人等错误行为。驾驶过程中,若追尾前车如何正确处置?如何合理规避?

任务描述 »»

图 3-61 所示为追尾前车事故图。本任务为在正常驾驶过程中未与前车保持安全车距导致追尾前车,对驾驶人的正确处置步骤与要点进行学习与总结,并使用驾驶模拟器进行

正确操作。

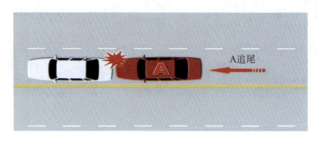

图 3-61　追尾前车示意图

任务分析

行车中发生追尾事故,应当立即停车,保护现场,设置危险警示标志。若未造成人身伤亡,迅速报告交通警察和保险公司进行责任认定与保险申报;若属于轻微事故,也可由双方当事人自行协商处理损害赔偿事宜;若已造成人身伤亡的,应当立即抢救受伤人员,并迅速报告执勤的交通警察或者公安机关交通管理部门。完成本任务,需重点完成以下安全行车操作:

(1)根据紧急情况应急处置原则,与前车保持安全的跟车距离,同时集中注意力不要分心驾驶。

(2)根据紧急情况应急处置原则,追尾前车后驾驶人应当立即停车,保护现场,合理设置危险警示标志。

(3)依据理论学习、模拟驾驶训练,总结保持安全车距要点。

知识链接

1. 追尾前车的相关知识和诱因

追尾是指同车道行驶的车辆随而行时,后车车头与前车车尾相撞的行为。主要由于行车间距小于最小安全间距、驾驶人反应迟缓、分心驾驶或制动系统性能不良等因素所致。高速公路行车中,由于车速普遍较快,发生追尾事故后容易引起连锁反应,造成多车追尾。汽车追尾前车的诱因见表 3-5。

追尾前车的诱因　　　　　　　　　　　　　　表 3-5

压速行车	在快车道压速行车,其不良后果有两点:一是容易造成车辆拥挤,车辆行驶速度降低;二是容易造成后车驾驶人因长时间慢速行驶而急于超车,交通事故发生风险增加,不利于安全
精力不集中	不少追尾事故的发生都是由于后车驾驶人精力不集中造成的。驾驶车辆时打电话、反应迟缓等,都会对发生突发情况时及时做出应对措施造成不利影响
突然并线	突然并线变更车道,容易造成后方车辆紧急制动,导致追尾事故的发生
制动距离过长	汽车高速行驶或满载货物时制动距离过长,如遇前车突然制动极易造成追尾。因此,务必要与前车保持适量的安全距离

2. 车辆追尾前车的处置措施

(1) 发生追尾碰撞时,驾驶人应挺直身体,双手紧握转向盘,防止车辆行驶惯性使身体猛烈地抛离座位,伤及腰部或颈部。

(2) 立即采取安全的停车措施。如果车辆在行驶中,前方无障碍物时,应稍向前行驶一段距离后再制动停车,以免后车碰撞速度过大,增加损失;如果车辆在行驶中,前方有车辆或障碍物时,则应立即制动停止,以防再次与前车发生追尾;如果被汽车追尾碰撞并推着向前或左右行驶时,应立即加速,快速摆脱追尾的车辆,行驶到安全地段再停车;如果汽车已不能行驶,应保护好事故现场,报警处理。

(3) 发生追尾碰撞时,后排座位的乘客在没有系安全带的紧急情况下,可以根据人数采取不同的姿势。如果是 2~3 个人,每个人都应在撞击前身体前倾,手臂抵住前排座位的靠背,腿部弯曲绷紧。如果是一个人,可以双手护头,双腿蜷在身下,躺在座位或地板上。

3. 追尾事故处置的注意事项

(1) 行车中发生追尾事故,应当立即停车,保护现场,设置危险警示标志。

(2) 若未造成人身伤亡,迅速报告交通警察和保险公司进行责任认定与保险申报;若属于轻微事故,也可由双方当事人自行协商处理损害赔偿事宜;若已造成人身伤亡的,应当立即抢救受伤人员,并迅速报告执勤的交通警察或者公安机关交通管理部门。

(3) 车辆发生交通事故后逃逸的,事故现场目击人员和其他知情人员应当向公安机关交通管理部门或者交通警察举报。

(4) 事故当事人之间对事故事实无争议时,在记录交通事故的时间、地点、对方当事人的姓名和联系方式、机动车牌号、驾驶证号、保险凭证号、碰撞部位,并共同签名后,撤离现场,自行协商损害赔偿事宜。当事人对交通事故事实及成因有争议的,应当迅速报警。

(5) 发生事故后应当持续开启危险报警闪光灯,并在来车方向设置警告标志,必要时迅速报警。

任务实施

1. 模拟驾驶准备工作

按要求检查模拟器是否正常开机,调整座椅位置,规范系好安全带,检查转向盘、换挡操纵杆、加速踏板、制动踏板、离合器踏板以及仪表显示是否正常。若有异常情况,及时进行修复。

2. 模拟驾驶训练

(1) 如图 3-62 所示,选择第 7 关"安宁—楚雄"训练项目,正确起动车辆。

(2) 如图 3-63 所示,听到"开始训练"语音提示后,按照追尾前车的正确处置操作与要点,进行安全行车操作。

(3) 如图 3-64 所示,发生追尾碰撞时,驾驶人应挺直身体,双手紧握转向盘,防止车辆行驶惯性使身体猛烈地抛离座位,伤及腰部或颈部。

图 3-62 "安宁—楚雄"训练项目

图 3-63 追尾前车操作示意图

图 3-64 追尾碰撞示意图

(4)如图 3-65 所示,立即采取安全的停车措施。如果车辆在行驶中,前方无障碍物时,应稍向前行驶一段距离后再制动停车,以免后车碰撞速度过大,增加损失;如果车辆在行驶中,前方有车辆或障碍物时,则应立即制动停止,以防再次与前车发生追尾;如果被汽车追尾碰撞并推着向前或左右行驶时,应立即加速,快速摆脱追尾的车辆,行驶到安全地段再停车;如果汽车已不能行驶,应保护好事故现场,报警处理。

(5)如图 3-66 所示,发生追尾碰撞时,后排座位的乘客在没有系安全带的紧急情况下,可以根据人数采取不同的姿势。如果是 2~3 个人,每个人都应在撞击前身体前倾,手臂抵住前排座位的靠背,腿部弯曲绷紧。如果是一个人,可以双手护头,双腿蜷在身下,躺在座位或地板上。

图 3-65 停车措施示意图　　图 3-66 追尾碰撞后排乘客措施示意图

3. 模拟驾驶结束

听到"训练结束"语音提示后,结束行车操作,利用制动踏板让车辆停止,拉起驻车制动,将车辆挡位置于空挡并关闭发动机。

完成模拟驾驶训练后,解除安全带,检查模拟器各操作部件状态,记录本次训练成绩分析表,见附表1:防御性驾驶技术技能动态测评表。

任务评价

依据训练成绩分析表进行小组交流讨论,分享追尾前车正确的操作方法与注意事项。

拓展训练

(1)模拟"跟车行驶过程中,在快车道压速行驶"训练,得出快车道的正确行驶速度?
(2)模拟"近距离跟车行驶,前方突然停车"训练,得出正确的跟车距离?
(3)模拟"行驶途中突然并线行驶"训练,得出如何正确提前规划好路线?

任务三　左前轮爆胎处置

任务导入

爆胎是汽车的频发事故之一,多数由于车主对轮胎的维护不当或者超速行车而导致。据美国汽车工程师学会调查,美国每年有26万起交通事故是由轮胎气压低或气体渗漏造成的,另外每年75%的轮胎故障是由轮胎气体渗漏或充气不足引起的。车辆发生爆胎时,驾驶人要握紧转向盘,稳定车辆行驶方向,切不可反复猛打转向盘。待车辆速度降低,挂空挡或逐级减挡,松开加速踏板并反复轻踩制动,使车辆安全缓慢停止。驾驶人在高速行车时发生爆胎,往往转向修正过度或猛打方向、紧急制动或者加速,从而导致交通事故发生。日常驾驶过程中,突遇车辆左前轮爆胎如何正确处置?如何合理规避?

任务描述 »»

图 3-67 所示为左前轮爆胎事故图。本任务为驾驶过程中左前轮爆胎时对驾驶人进行正确处置的步骤与要点进行学习与总结,并使用驾驶模拟器进行正确操作。

图 3-67　左前轮爆胎

任务分析 »»

道路上发生左前轮爆胎事故,驾驶人应立即握稳转向盘,尽量控制车辆保持直线行驶,迅速放松加速踏板,采用"轻踩长磨"的减速方式,逐渐降低车速。待车辆速度降低后,选择安全地点靠边停车,打开危险报警闪光灯,来车方向同车道按规定摆放安全警告标志,等待救援。高速行驶时爆胎,严禁紧急制动。完成本任务,需重点完成以下安全行车操作:

(1)根据爆胎应急处置原则,车辆前轮爆胎时应立即握稳转向盘,尽量控制车辆直线行驶。

(2)根据爆胎应急处置原则,放松加速踏板,轻踏制动踏板至缓慢安全停车。

(3)根据紧急避险原则,利用一切可以利用的障碍使车辆停下来。

(4)依据理论学习、模拟驾驶训练,总结左前轮爆胎处置要点。

知识链接 »»

1. 爆胎的相关知识和主要原因

爆胎是指轮胎在极短的时间(一般少于 0.1s)因破裂突然失去空气而破裂。爆胎是汽车在夏季频发事故之一,多数由于车主对轮胎的维护不当或超速行驶而导致。有关统计数据显示在高速公路上的交通事故中,10% 是由于轮胎故障引起的,而其中爆胎一项就占轮胎故障引发事故总量的 70% 以上。

轮胎爆胎常见的原因有轮胎漏气、胎压过高、胎压不足、轮胎磨损严重等。常见的轮胎爆胎的原因见表 3-6。

轮胎爆胎原因　　　　　　　　　　　　　　　表3-6

制造原因	轮胎本身存在制造缺陷(如:脱层、帘线密度不均匀等)
外力损伤	受到外力(撞击、穿刺等)作用,使轮胎严重破坏
气压过低	胎侧屈挠尺度加大,在长时间的行驶过程中,胎侧受到频繁揉压产生大量的热量,造成胎侧脱层胎体帘线折断
气压过高	轮胎内部的骨架材料处于非正常的拉伸状态,同时加剧层与层之间的剪切,造成热量累积及骨架材料强度下降,导致轮胎安全倍数降低

2. 车辆爆胎的处置措施

(1)如果转向轮发生爆胎,驾驶人应立即握稳转向盘,尽量控制车辆保持直线行驶,迅速放松加速踏板,采用"轻踩长磨"的减速方式,逐渐降低车速。待车辆速度降低后,选择安全地点靠边停车,打开危险报警闪光灯,来车方向同车道按规定摆放安全警告标志,等待救援或更换备胎。高速行驶时爆胎,严禁紧急制动。

(2)如果车辆已偏离正常行驶方向,驾驶人可适当修正行驶方向,但严禁急打转向盘,防止车辆失控。车速明显降低后,可间歇轻踩制动踏板,就近选择安全区域停车。

(3)如果车辆后轮发生爆胎,驾驶人立即握稳转向盘,保持行车路线,间歇轻踩制动踏板,就近选择安全区域停车。

3. 车辆爆胎的注意事项

(1)车辆高速行驶时发生爆胎,尽量避免制动,以免车辆失控侧翻。

(2)公路客车、旅游客车的所有车轮和其他道路运输车辆严禁使用翻新轮胎。

(3)驾驶人要对轮胎进行日常检查、定期维护、定期更换。

(4)鼓励运输企业购置使用配备胎压监测装置(TPMS系统)的车辆,对胎压和胎温进行实时监控。

(5)具备条件的运输企业可为道路运输车辆转向轮安装符合标准的爆胎应急安全装置,提升车辆爆胎后的行驶稳定性。

任务实施

1. 模拟驾驶准备工作

按要求检查模拟器是否正常开机,调整座椅位置,规范系好安全带,检查转向盘、换挡操纵杆、加速踏板、制动踏板、离合器踏板以及仪表显示是否正常。若有异常情况,及时进行修复。

2. 模拟驾驶训练

(1)如图3-68所示,选择"左前轮爆胎"训练项目并正确起动车辆。

(2)如图3-69所示,听到"开始训练"语音提示后,按照左前轮爆胎的正确操作步骤,进行安全行车操作。

(3)如图3-70所示,行车途中轮胎突然爆裂,驾驶人要双手紧握转向盘,控制车辆。同时,应注意后方车辆,缓慢制动并驶离主干道。

图 3-68 "左前轮爆胎"训练项目

图 3-69 开始训练示意图

图 3-70 紧握转向盘示意图

(4)如图 3-71 所示,如果转向轮发生爆胎,驾驶人应握稳转向盘,尽量控制车辆保持直线行驶,迅速放松加速踏板,采用"轻踩长磨"的减速方式,使用制动逐渐降低车速。如果车辆已偏离正常行驶方向,驾驶人可适当修正行驶方向,严禁急打转向盘,防止车辆失控。

危险场景防御性驾驶训练 | **模块三**

图 3-71 左前轮爆胎措施示意图

（5）如图 3-72 所示，车速明显降低后，可间歇轻踩制动踏板，就近选择安全区域停车，打开危险报警闪光灯，在来车方向同车道按规定安全距离摆放安全警告标志，更换备胎或等待救援。

图 3-72 停车后措施示意图

3. 模拟驾驶结束

听到"训练结束"语音提示后，结束行车操作，利用制动踏板让车辆停止，拉起驻车制动，将车辆挡位置于空挡并关闭发动机。

完成模拟驾驶训练后，解除安全带，检查模拟器各操作部件状态，记录本次训练成绩分析表，见附表 1：防御性驾驶技术技能动态测评表。

任务评价

依据训练成绩分析表进行小组交流讨论，分享车辆左前轮爆胎的操作方法与经验。

拓展训练

（1）模拟"左前轮发生爆胎时驾驶人单手握住转向盘"训练，得出双手正确握住转向盘。

(2)模拟"行驶途中左前轮突然爆胎,紧急制动"训练,得出正确间歇轻踩行车制动。
(3)模拟"行驶途中左前轮突然爆胎,急打转向盘"训练,得出正确适当修正行驶方向。

任务四　出口前左侧车辆强行变道驶出处置

任务导入

出口前左侧车辆强行变道驶出处置,此阶段需要驾驶人采取控距、提前降速并停车避让等重要操作。但是由于车速过快、并道操作不规范以及避让强行变道不规范等原因,往往造成交通安全事故。因此,突遇出口前左侧车辆强行变道驶出时,驾驶人该如何合理降低车速、选择合适并道时机、安全避让强行变道?

任务描述

图 3-73 所示为出口前左侧车辆强行变道驶出。本任务对处置出口前左侧车辆强行变道驶出时的步骤与要点进行学习与总结,并使用驾驶模拟器进行正确操作。

图 3-73　出口前左侧车辆强行变道驶出

任务分析

出口前左侧车辆强行变道驶出,依据高速公路行驶规定以及行车速度的规定,需要在一定的里程与时间内完成安全规避,掌握规避方法,才能安全正确的驶出。完成本任务,需重点完成以下几点:
(1)根据高速公路行车速度规定,在减速车道合理降低车速。
(2)根据高速公路各车道车辆行驶情况,正确选择并道时机。
(3)根据高速公路安全行车方法,正确避让强行变道车辆。
(4)依据理论学习、模拟驾驶训练,总结出口前左侧车辆强行变道驶出处置要点。

知识链接

1. 高速公路错过出口的正确处置

如图3-74所示,高速行车,发现错过出口后,切勿强行变道、倒车、逆行。高速公路虽然是封闭道路,但相隔十几公里就会设置相应出口。因此,即便错过当前出口,可由下一个出口驶离高速即可。高速上车辆速度通常较快,如果前方车辆突然变道、倒车、逆行,后方车辆很容易因避让不及发生交通事故,造成严重后果。

驾驶人可提前使用灯光,依次变道。寻找下一高速出口时,应该注意观察路边的标志标牌,提前做好变道准备,正确使用灯光,在保证安全的情况下提前变道驶出高速。

图3-74 将错就错

2. 避让高速公路出口前左侧车辆强行变道驶出处置步骤

(1)确认前、后、右方车道的安全状况。

观察前方、右侧,通过内、外后视镜观察后方交通情况,确认是否可进行向右变道避让。若右边车道有车辆行驶,且高速路内的安全状况又不允许迅速变道时,应在本车道减速行驶,且保持与前车的适当距离。

(2)开启危险报警闪光灯,降低车速。

开启警示灯,示意突发情况,提示后方车辆有充足的时间减速避让,如果减速也无法让车辆正常通行,应立即停车,但注意避免发生追尾事故。

(3)确认安全状况后,加速行驶。

再次确认前后方安全状况后,逐渐加速行驶,不得突然并入其他车道。如遇连续通过的车辆列队,应在其后跟进,不得强行超、插,以免发生危险。

(4)关闭危险报警闪光灯,控制车速。

待完全正常行驶后,关闭危险报警闪光灯,并根据交通情况加速行驶且保持行驶速度,完成高速公路左侧车辆强行变道处置。

3. 高速公路车辆强行变道驶出处置注意事项

(1)高速公路上行车,保持安全车距,车距过近,会增加发生事故的概率。

(2)行驶到匝道附近时,注意提防是否有错过匝道车辆紧急变道的情况,如果发现有车辆经过匝道突然紧急制动,务必减速慢行。

(3)减速慢行时,突然制动变道的其他车辆想尽快驶入匝道,不能随意地打转向避让,避免左右来车,从而可能引发更严重事故。

(4)提高预判意识,提前减速,不要超车,保持车道正常行驶,合理减速避让。

(5)经过匝道等路口,谨慎驾驶,注意观察其他车辆情况。

任务实施

1. 模拟驾驶准备工作

按要求检查模拟器是否正常开机，调整座椅位置，规范系好安全带，检查转向盘、换挡操纵杆、加速踏板、制动踏板、离合器踏板以及仪表显示是否正常。若有异常情况，及时进行修复。

2. 模拟驾驶训练

（1）如图 3-75 所示，选择"安宁-楚雄"训练项目并正确起动车辆。

图 3-75　"安宁-楚雄"训练项目

（2）如图 3-76 所示，听到"开始训练"语音提示后，按照出口前左侧车辆强行变道驶出的正确操作步骤，进行安全行车操作。

图 3-76　开始训练示意图

（3）如图 3-77 所示，认真观察前、后、左、右道路交通情况。

图 3-77　确认安全状况示意图

(4)如图 3-78 所示,减速或者停车避让,同时开启警示灯,示意左侧突发情况。

图 3-78　开启危险报警闪光灯示意图

(5)如图 3-79 所示,确认前后方安全状况后,逐渐加速行驶。

图 3-79　确认安全状况后,加速行驶示意图

(6)如图 3-80 所示,关闭危险报警闪光灯,控制车速。

图 3-80　控制车速示意图

3. 模拟驾驶结束

听到"训练结束"语音提示后,结束行车操作,利用制动踏板让车辆停止,拉起驻车制动,将车辆挡位置于空挡并关闭发动机。

完成模拟驾驶训练后,解除安全带,检查模拟器各操作部件状态,记录本次训练成绩分析表,见附表 1:防御性驾驶技术技能动态测评表。

任务评价

依据训练成绩分析表进行小组交流讨论,分享正确行车操作方法与经验,做出准确的任务评价与总结。

拓展训练

(1)模拟"行驶速度≤80km/h 时左侧车辆并道"训练,得出合理避让车速。
(2)模拟"左侧车辆驶出距匝道出口处≤50m 时并道"训练,得出正确避让距离。

模块四
营运任务处理突发情况训练

📊 学习目标 »»»

1. 知识目标

(1) 了解雨天气象条件下驾驶险情的预测与分析方法。

(2) 能够描述跟车、会车、超车、转弯等不同行驶状态下险情的预测与分析方法。

(3) 能够熟悉特殊气候条件下驾驶时突发事故的临危处置方法。

2. 能力目标

(1) 能够正确完成雨天气象条件下驾驶模拟训练。

(2) 会根据不同行驶状态下选择对应的安全临危处置方法。

(3) 能够在发生紧急情况时快速的采取必要合理有效的措施来处理突发事故等临危处置方法。

3. 素养目标

(1) 培养安全、规范驾驶意识。

(2) 对行驶过程中发生的突发情况能及时的采取安全的临危处置方法。

项目一 前往嵩明县营运任务处理突发情况训练

嵩明县地处云贵高原西缘,山多地少,系云南第七大平坝。地势由西北向东南倾斜,山川多循北南方向展布,系云贵高原的山岳河谷地带。因地势复杂,天气多变,在此县域驾驶车辆,需要驾驶人熟练掌握一般道路上雨天行驶状态下的临危处置方法,并正确、安全完成该项目安全驾驶的行车操作。

任务一 雨天超车遇对向车辆处置

任务导入

雨天路面湿滑,能见度低,视距短,视线模糊,汽车存在动态变化差异,且汽车的制动性变差,险情增多。因此,雨天超车由于车速过快、超车时操作不规范以及时机选择错误等原因,往往造成交通安全事故。而雨天超车遇对向车辆是雨天超车过程中遇到的高风险情况,此时需要驾驶人正确完成停车避让的重要操作,才能有效避免交通事故发生。雨天超车遇对向车辆过程中,如何合理停车避让对向车辆、选择合适时机进行超车的规范操作?如何及时处置突发情况?

任务描述

图 4-1 所示为雨天超车遇对向车辆。本任务对雨天行车和超车遇对向车辆的正确操作步骤与要点进行学习与总结,并使用驾驶模拟器进行正确操作。

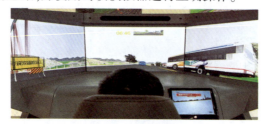

图 4-1 雨天超车遇对向车辆

营运任务处理突发情况训练 | **模块四**

📝 任务分析 》》》

驾驶人雨天超车遇对向车辆时,依据雨天行车的安全时速和超车时的规范操作,需要在一定的里程与时间内完成停车避让操作,才能安全正确地进行雨天超车遇对向车辆处置。完成本任务,需重点完成以下几点:

(1)根据雨天安全行车行为规范,减速慢行,确认周围环境,观察是否具备超车条件;
(2)根据雨天行车操作规范,正确选择超车时机操作并入行车道;
(3)根据雨天车道车辆行驶情况,遇对面来车时正确选择停车避让操作;
(4)依据雨天行车模拟驾驶训练,总结雨天行车遇对向车辆的操作要点。

📑 知识链接 》》》

雨天超车注意事项:

1)有足够的安全距离

(1)雨天行车视线不佳,驾驶人不能准确判断周围车辆距离,超车信号模糊。因此,超车时需要闪烁灯光示意对向车。

(2)道路湿滑,车辆易出现侧滑现象,平稳加速,待超车完成后,开启右转向灯,在不影响被超车辆正常行驶的情况下,驶回原车道,关闭转向灯。

(3)驶回原车道不能强行挤插,不得强行挤靠被超车迫其让行,应在超越被超车20m后回归原车道。

2)没有足够的安全距离

(1)握稳方向,降低车速,待车速降低后,驶回原车道。
(2)避让不及,与对向车发生碰撞。

📋 任务实施 》》》

1.模拟驾驶准备工作

按要求检查模拟器是否正常开机,调整座椅位置,规范系好安全带,检查转向盘、换挡操纵杆、加速踏板、制动踏板、离合器踏板以及仪表显示是否正常。若有异常情况,及时进行修复。

2.模拟驾驶训练

(1)如图4-2所示,选择"去嵩明县"训练项目并正确起动车辆。
(2)如图4-3所示,听到"开始训练"语音提示后,按照雨天超车遇对向车辆的正确操作步骤,进行安全行车操作。
(3)如图4-4所示,超车距离足够。
(4)如图4-5所示,灯光示意对向车。
(5)如图4-6所示,平稳加速,不影响被超车辆正常行驶。

汽车防御性驾驶技术

图 4-2 "去嵩明县"训练项目

图 4-3 开始训练示意图

图 4-4 足够超车距离示意图

图 4-5 灯光示意对向车示意图

图 4-6　平稳加速示意图

（6）如图 4-7 所示，驶回原车道要掌握好时机，不能强行挤插，不得强行挤靠被超车迫其让行，应在超越被超车 20m 后回归原车道。

图 4-7　驶回原车道操作示意图

（7）如图 4-8 所示，没有足够的安全距离时。

图 4-8　没有足够的安全距离示意图

（8）如图 4-9 所示，避让不及，与对向车发生碰撞。

图 4-9　避让不及与对向车碰撞示意图

3. 模拟驾驶结束

听到"训练结束"语音提示后，结束行车操作，利用制动踏板让车辆停止，拉起驻车制动,将车辆挡位置于空挡并关闭发动机。

完成模拟驾驶训练后,解除安全带,检查模拟器各操作部件状态,记录本次训练成绩分析表,见附表1:防御性驾驶技术技能动态测评表。

任务评价

依据训练成绩分析表进行小组交流讨论,分享正确行车操作方法与经验,做出准确的任务评价与总结。

拓展训练

(1)模拟"雨天超车,前方有足够安全距离"训练,得出雨天正确超车操作。
(2)模拟"雨天超车,前方没有足够的安全距离"训练,得出雨天超车遇对向车,制动距离与制动力度。

任务二 雨后超车引起侧滑处置

任务导入

雨后路面湿滑,汽车存在动态变化差异,轮胎与地面摩擦系数降低导致汽车制动性能变差和车轮打滑。因此,雨后驾驶车辆容易发生侧滑的事故,特别是超车时车速过快,车辆容易产生"水滑"从而导致侧滑。因此,超车时车速过快、操作不规范以及时机选择错误等原因,往往造成交通安全事故。雨后超车引起侧滑,如何合理稍踩制动加少修转向,选择合适时机进行超车的规范操作?如何及时处置突发情况?

任务描述

图4-10所示为雨后超车引起侧滑。本任务对处置雨后超车引起侧滑的步骤与要点进行学习与总结,并使用驾驶模拟器进行正确操作。

图4-10 雨后超车引起侧滑

任务分析

驾驶人雨后超车引起侧滑时,依据行车的安全时速和超车时的规范操作,需要在一定的里程与时间内完成稍踩制动加少修转向操作,才能安全正确地进行雨后超车引起侧滑时的操作。完成本任务,需重点完成以下几点:

(1)根据雨天行车操作规范,雨天路面湿滑,驾驶车辆需实时注意与前车的距离,保持车辆的速度均匀,不要突然猛加速或突然减速,防止紧急制动或加速导致的车轮打滑。

(2)根据雨天行车操作规范,稍踩制动加少修转向操作。

(3)根据雨天行车操作规范,正确操作并入行车道。

(4)依据雨天行车模拟驾驶训练,总结防止雨后超车引起侧滑的操作要点。

知识链接

1. 雨中超车侧滑的原因

(1)并道时加速,车轮出现横向移动导致车辆侧滑。

(2)遇到路面有积水,四轮受到的阻力不平衡,引发车辆侧滑。

(3)驾驶人的视线受影响,加上路面湿滑,超车时遇突发状况不能及时做出正确判断,操作不当引发侧滑。

(4)车速过快,并道时的离心力大,车辆不受控制发生侧滑。

2. 雨天超车发生侧滑的安全操作方法

雨天超车加速引发的侧滑,一般是前轮侧滑,应当握稳转向盘,间歇制动,向侧滑反方向修正。

任务实施

1. 模拟驾驶准备工作

按要求检查模拟器是否正常开机,调整座椅位置,规范系好安全带,检查转向盘、换挡操纵杆、加速踏板、制动踏板、离合器踏板以及仪表显示是否正常。若有异常情况,及时进行修复。

2. 模拟驾驶训练

(1)如图 4-11 所示,选择"去嵩明县"训练项目并正确起动车辆。

(2)如图 4-12 所示,雨天超车时提前变更车道。

(3)如图 4-13 所示,超车发生侧滑时,握稳方向,间歇制动,向侧滑反方向修正。

3. 模拟驾驶结束

听到"训练结束"语音提示后,结束行车操作,利用制动踏板让车辆停止,拉起驻车制动,将车辆挡位置于空挡并关闭发动机。

图 4-11 "去嵩明县"训练项目

图 4-12 雨天超车时提前并道示意图

图 4-13 超车发生侧滑处置措施示意图

完成模拟驾驶训练后,解除安全带,检查模拟器各操作部件状态,记录本次训练成绩分析表,见附表1:防御性驾驶技术技能动态测评表。

任务评价 >>>

依据训练成绩分析表进行小组交流讨论,分享正确行车操作方法与经验,做出准确的任务评价与总结。

拓展训练

（1）模拟"雨天并道时加速"训练，得出加速时踩加速踏板力度。
（2）模拟"超车时侧滑"训练，得出侧滑时的正确修正操作。

任务三　雨天弯道引起侧滑处置

任务导入

雨后路面湿滑，汽车存在动态变化差异，轮胎与地面摩擦系数降低导致汽车制动性能变差和车轮打滑。因此，雨后驾驶车辆容易发生侧滑，特别是经过弯道时，若车速过快，车辆受弯道离心力和轮胎与地面摩擦力降低的影响，发生车辆侧滑的风险增高。此时需要稍踩制动、轻微修整方向，安全降低车辆速度，保持行驶方向，从而避免车辆侧滑事故发生。因此，雨天弯道行驶时，如何合理进入弯道提前降速，避免猛打方向、猛踩制动的规范操作？如何及时处置突发情况？

任务描述

图4-14所示为雨天弯道引起侧滑。本任务对处置雨天弯道引起侧滑的步骤与要点进行学习与总结，并使用驾驶模拟器进行正确操作。

图4-14　雨天弯道引起侧滑

任务分析

雨天弯道引起侧滑时，应迅速向侧滑的方向小幅转动转向盘，并及时回转转向盘进行调整。若车辆配备 ABS 和 ESP 安全系统,立即踩踏制动踏板至底部。若车辆未配备 ABS 和 ESP 安全系统,可采取间歇行车制动的措施,安全降低车辆速度。行车过程中,如遇湿滑路面时,严禁制动与转向同时使用。完成本任务,需重点完成以下安全行车操作:

(1) 根据雨天行车操作规范,适当降低车速,减少制动非安全因素,避免车辆产生侧滑。

(2) 根据雨天行车操作规范,应提前减速靠右行驶,避免急转向或边踩制动边转向,以防车辆产生侧滑。

(3) 根据雨天行车操作规范,行驶中发生侧滑现象,应立即松开制动,同时向侧滑的一侧转动转向盘(但打转向盘不能过急),松开加速踏板换入低速挡,待汽车回正后要平稳地把转向盘转到原来的位置。

(4) 依据雨天行车模拟驾驶训练,总结雨天弯道引起侧滑的操作要点。

知识链接

1. 雨天弯道侧滑的原因

(1) 弯道行驶急减速,车轮出现横向移动导致车辆侧滑。

(2) 遇到路面有积水,四轮受到的阻力不平衡,引发车辆侧滑。

(3) 驾驶人的视线受影响,加上路面湿滑,过弯时遇突发状况不能及时做出正确判断,因为操作不当引发侧滑。

(4) 车速过快,转弯时的离心力大,车辆不受控制发生侧滑。

2. 雨天弯道侧滑的正确操作方法

雨天弯道侧滑大多是车辆急减速引起的,一般是后轮侧滑,将方向朝侧滑的方向修正,切不可打反方向。

任务实施

1. 模拟驾驶准备工作

按要求检查模拟器是否正常开机,调整座椅位置,规范系好安全带,检查转向盘、换挡操纵杆、加速踏板、制动踏板、离合器踏板以及仪表显示是否正常。若有异常情况,及时进行修复。

2. 模拟驾驶训练

(1) 如图 4-15 所示,选择"去嵩明县"训练项目并正确起动车辆。

(2) 如图 4-16 所示,雨天弯道行驶发生侧滑。

(3) 如图 4-17 所示,朝向侧滑的方向进行转向修正,切不可打反方向。

3. 模拟驾驶结束

听到"训练结束"语音提示后,结束行车操作,利用制动踏板让车辆停止,拉起驻车制动,将车辆挡位置于空挡并关闭发动机。

营运任务处理突发情况训练 | 模块四

图 4-15 "去嵩明县"训练项目

图 4-16 雨天弯道行驶侧滑示意图

图 4-17 雨天弯道侧滑修正示意图

完成模拟驾驶训练后,解除安全带,检查模拟器各操作部件状态,记录本次训练成绩分析表,见附表1:防御性驾驶技术技能动态测评表。

任务评价

依据训练成绩分析表进行小组交流讨论,分享正确行车操作方法与经验,做出准确的任务评价与总结。

拓展训练

(1)模拟"雨天行车制动的同时转向"训练,得出雨天弯道行驶的正确操作。
(2)模拟"弯道侧滑"训练,得出正确的弯道侧滑修正方法。

任务四　雨天遇对面多车连续超车处置

任务导入

雨天路面湿滑,能见度低,视距短,视线模糊,汽车存在动态变化差异,汽车的制动性变差,道路交通事故风险增加。雨天行驶遇对面多车连续超车是驾驶人驾车过程中可能会遇到的情况,此时需要驾驶人正确完成降速避让的重要操作。但是由于车速快、能见度低、避让操作不规范以及时机选择错误等诸多原因,往往造成不能及时避让从而引发交通安全事故。雨天遇对面多车连续超车过程中,如何合理降速避让对向车辆、选择合适时机进行避让的规范操作?如何及时处置突发情况?

任务描述

图 4-18 所示为雨天遇对向车辆超车。本任务对雨天行车和遇对向车辆超车的正确操作步骤与要点进行学习与总结,并使用驾驶模拟器进行正确操作。

图 4-18　雨天遇对向车辆超车

任务分析

驾驶人雨天遇对向车辆超车时,依据雨天行车的安全时速和避让超车的规范操作,需要在一定的里程与时间内完成降速与避让操作,才能安全正确的处置雨天遇对向车辆超车。完成本任务,需重点完成以下几点:
(1)根据雨天安全行车行为规范,确认周围环境,减速行驶。
(2)根据雨天行车操作规范,进行换挡至低速挡缓慢行驶。
(3)根据雨天车道车辆行驶情况,正确选择时机进行降速避让。
(4)依据雨天行车模拟驾驶训练,总结雨天遇对向车辆超车的操作要点。

知识链接

雨天行车过程中,遇到对面车辆超车时,需要预判对方车辆车速,从而进行安全避让,具体如下:

(1)对方能够安全超车,应主动提前减速,保持安全距离或停车,以供对方超车。

(2)对方不能够安全超车,我方右侧有避让空间,主动靠右避让,以供对方超车。

(3)对方不能够安全超车,我方右侧无避让空间,立即闪灯提示加鸣笛告知,提醒对方放弃超车。

 任务实施

1. 模拟驾驶准备工作

按要求检查模拟器是否正常开机,调整座椅位置,规范系好安全带,检查转向盘、换挡操纵杆、加速踏板、制动踏板、离合器踏板以及仪表显示是否正常。若有异常情况,及时进行修复。

2. 模拟驾驶训练

(1)如图4-19所示,选择"去嵩明县"训练项目并正确起动车辆。

图4-19 "去嵩明县"训练项目

(2)如图4-20所示,雨天行驶遇对向车辆超车,安全超车距离足够时,应主动提前减速。

(3)如图4-21所示,安全超车距离不足时,灯光提醒并鸣笛示意对方无法超车。

(4)如图4-22所示,对方放弃超车急停。

3. 模拟驾驶结束

听到"训练结束"语音提示后,结束行车操作,利用制动踏板让车辆停止,拉起驻车制动,将车辆挡位置于空挡并关闭发动机。

完成模拟驾驶训练后,解除安全带,检查模拟器各操作部件状态,记录本次训练成绩分析表,见附表1:防御性驾驶技术技能动态测评表。

图4-20　主动提前减速示意图

图4-21　灯光提醒并鸣笛示意图

图4-22　对方放弃超车急停示意图

任务评价

依据训练成绩分析表进行小组交流讨论,分享正确行车操作方法与经验,做出准确的任务评价与总结。

拓展训练

（1）模拟"减速停车避让"训练,得出雨天制动力度和制动距离。
（2）模拟"右侧避让"训练,得出雨天转向力度。

营运任务处理突发情况训练 | **模块四**

项目二
前往水富县营运任务处理突发情况训练

水富位于云南省最北端,地处金沙江与横江汇合处夹角地带,属四川盆地南缘、云贵高原的起点,南接乌蒙山麓末端与盐津县相邻,西接绥江县,东、北分别以横江、金沙江为界与四川省宜宾市叙州区隔江相望。因地势较为复杂,道路多为山区道路,弯多坡急且临水临崖,道路交通事故风险较高。在此区域道路驾驶车辆时,需要能够掌握山区道路上行驶的临危处置方法,并正确、安全完成该项行车操作。

任务一 弯道车速过快引起侧滑翻车处置

任务导入

山区道路多顺势修筑而成,盘山绕行,坡长而陡,山区弯道较多,路面狭窄。因此,山区道路行车要注意观察,提前发现急弯路警告标志。但是由于车速过快、转向过度、操作不规范等原因易导致车辆侧翻,造成交通安全事故。山区弯道行驶时,如何正确完成稍踩制动加少修转向的重要操作?

任务描述

图4-23所示为弯道车速过快引起侧滑翻车。本任务对处置弯道车速过快引起侧滑翻车的正确操作步骤与要点进行学习与总结,并使用驾驶模拟器进行正确操作。

图4-23 弯道车速过快引起侧滑翻车

185

汽车防御性驾驶技术

任务分析

遇弯道车速过快引起侧滑翻车时,依据山区道路安全行车的规范操作,需要在一定的里程与时间内完成稍踩制动加少修转向操作,才能安全正确地进行弯道车速过快引起侧滑翻车的学习。完成本任务,需重点完成以下安全行车操作:

(1)根据安全行车行为规范,减速慢行,保持车距,避免紧急制动。

(2)根据行车操作规范,因路况引起的侧滑,要握紧转向盘,不猛打方向,轻踩制动。

(3)根据行车车道车辆行驶情况,进入弯道不占道行驶,稍踩制动少修转向慢慢驶出弯道。

(4)依据行车模拟驾驶训练,总结避免弯道车速过快引起侧滑翻车的操作要点。

知识链接

机动车弯道行驶时,转弯速度过快时易发生侧滑或侧翻,侧滑程度的不同,直接影响车辆是否会发生侧翻,从而造成交通事故。因此,尽量避免车辆弯道的侧滑是非常重要的,而决定侧滑程度大小的因素有以下几点:

(1)车辆速度:速度越快,离心力越大,侧滑的可能性越大。

(2)路面状况:路面摩擦系数越低(如雨、雪、冰冻或路面本身较光滑),越易导致大幅度侧滑。

因此,无论是因速度过快还是路面摩擦系数低引起的侧滑,当侧滑幅度到一定程度则会引起车辆侧翻。当侧滑发生时,我们应轻踩制动,轻修方向,切忌猛踩制动和猛打方向而造成车辆侧翻。

任务实施

1. 模拟驾驶准备工作

按要求检查模拟器是否正常开机,调整座椅位置,规范系好安全带,检查转向盘、换挡操纵杆、加速踏板、制动踏板、离合器踏板以及仪表显示是否正常。若有异常情况,及时进行修复。

2. 模拟驾驶训练

(1)如图4-24所示,选择"去水富县"训练项目并正确起动车辆。

(2)如图4-25所示,过弯提前减速。

(3)如图4-26所示,弯道发生侧滑。

(4)如图4-27所示,侧滑幅度过大,造成翻车。

3. 模拟驾驶结束

听到"训练结束"语音提示后,结束行车操作,利用制动踏板让车辆停止,拉起驻车制动,将车辆挡位置于空挡并关闭发动机。

图 4-24 "去水富县"训练项目

图 4-25 过弯提前减速示意图

图 4-26 弯道侧滑示意图

图 4-27 侧滑引起翻车示意图

完成模拟驾驶训练后,解除安全带,检查模拟器各操作部件状态,记录本次训练成绩分析表,见附表1:防御性驾驶技术技能动态测评表。

任务评价

依据训练成绩分析表进行小组交流讨论，分享正确行车操作方法与经验，做出准确的任务评价与总结。

拓展训练

（1）模拟"侧翻"训练，得出容易引起车辆侧翻的速度。
（2）模拟"侧滑修正"训练，得出侧滑时正确的修正操作。

任务二　前车急停后车追尾处置

任务导入

车辆减速或停车时，存在被后方车辆追尾的风险，主要原因是后方车辆未保持安全车距，当前车紧急制动时，不能及时实施制动并让车辆停止。当发生追尾时，驾驶人需要保持坐姿挺直，紧握转向盘，防止由于惯性导致身体猛烈前冲，可能产生腰部或颈部损伤。同时，遵循"碰撞时进行自我保护，碰撞后迅速紧急撤离"的应急处理原则：首要目标是尽可能降低人员伤害，接着立即进行紧急撤离，并及时报警和提交事故报告。

如何在前车急停可能导致后车追尾的情况下，准确判断路况，保持安全驾驶？又如何有效应对突发状况，及时进行紧急处理？如何掌握良好的驾驶技巧和应急处理能力？

任务描述

图4-28所示为前车急停后车追尾。本任务对前车急停后车追尾应急处置措施的步骤与要点进行学习与总结，并使用驾驶模拟器进行正确操作。

图4-28　前车急停后车追尾

营运任务处理突发情况训练 | 模块四

📝 任务分析 »»»

驾驶人依据安全行车的规范操作，需要在一定的里程与时间内完成距离前车大于安全车距的操作，才能安全正确的避免前车急停后车追尾。完成本任务，需重点完成以下安全行车操作：

(1) 发现前车制动灯亮时，观察后车车距，避免急踩制动。

(2) 握稳转向盘，立即制动减速，尽量降低碰撞瞬间的能量，同时迅速观察车辆前方和两侧的交通状况。

(3) 前车车速明显降低时，观察道路两侧路况，选取安全的一侧道路进行车道变更避让前方急停车辆。

(4) 依据行车模拟驾驶训练，总结避免前车急停后车追尾的操作要点。

📖 知识链接 »»»

1. 常见追尾前车的原因

(1) 路况较好，行车速度快，来不及做规避操作。

(2) 长时间驾驶，容易视觉疲劳，放松警惕。遇到突发情况，未能及时做出正确判断与安全操作。

(3) 分心驾驶，未注意到突发状况。

2. 追尾事故规避方法

(1) 控制好车速，保持安全跟车距离。

(2) 切勿疲劳驾驶，合理安排休息，保持良好的状态驾驶。

(3) 切勿分心驾驶。

(4) 遇前方车辆急停时，谨记"让速不让道"原则，握稳方向，及时减速停车。

📋 任务实施 »»»

1. 模拟驾驶准备工作

按要求检查模拟器是否正常开机，调整座椅位置，规范系好安全带，检查转向盘、换挡操纵杆、加速踏板、制动踏板、离合器踏板以及仪表显示是否正常。若有异常情况，及时进行修复。

2. 模拟驾驶训练

(1) 如图4-29所示，选择"去水富县"训练项目并正确起动车辆。

(2) 如图4-30所示，合理控制车速，保持安全跟车距离。

(3) 如图4-31所示，遇前方车辆急停，及时减速避让。

(4) 如图4-32所示，谨慎驾驶，合理控速控距，避免追尾发生。

图4-29 "去水富县"训练项目

图4-30 控速控距示意图

图4-31 前方车辆急停示意图

图4-32 避免追尾示意图

3. 模拟驾驶结束

听到"训练结束"语音提示后,结束行车操作,利用制动踏板让车辆停止,拉起驻车制动,将车辆挡位置于空挡并关闭发动机。

完成模拟驾驶训练后,解除安全带,检查模拟器各操作部件状态,记录本次训练成绩分析表,见附表1:防御性驾驶技术技能动态测评表。

任务评价 》》》

依据训练成绩分析表进行小组交流讨论,分享正确行车操作方法与经验,做出准确的任务评价与总结。

拓展训练 》》》

(1)模拟"前车急停,后车避让"训练,得出反应时间。
(2)模拟"前车急停,后车追尾"训练,得出正确跟车距离。

任务三 遇事故路段停车不及时处置

任务导入 》》》

不同的道路上行车,速度应与当时的道路环境、交通状况相适应,灵活合理地控制车辆行驶速度,严格控制车辆在交通法规标志和限速规定的范围内行驶,做到"该快则快,该慢则慢,该停则停"。当遇到事故路段时,一般应当控制行车速度不大于20km/h,但是由于驾驶人驾驶车辆车速过快、停车不及时、操作不规范等原因,往往造成交通安全事故。在遇到事故路段时,如何合理兼顾道路情况安全驾驶?

任务描述 》》》

图4-33所示为遇事故路段停车不及时。本任务对遇事故路段停车不及时应急处置措施的步骤与要点进行学习与总结,并使用驾驶模拟器进行正确操作。

图4-33 遇事故路段停车不及时示意图

汽车防御性驾驶技术

任务分析

遇事故路段要避免停车不及时,依据安全行车的规范操作,需要在一定的里程与时间内完成行车速度不超过20km/h的操作。完成本任务,需重点完成以下安全行车操作:

(1)保持安全的行车速度,在高速公路上行驶速度不得超过120km/h,在其他道路上行驶速度不得超过道路限速。

(2)发现前方有交通事故时,迅速安全降低车速,车速不能高于20km/h。

(3)行车过程中,发现前方有事故路段交通警示标志时,应提前控制车速并判断车辆制动性能是否正常。

(4)依据行车模拟驾驶训练,总结遇事故路段停车不及时的操作要点。

知识链接

1. 事故路段停车不及时造成事故原因

(1)车速过快。

(2)跟车距离太近。

(3)注意力不集中。

(4)急躁情绪。

2. 事故路段行车注意事项

(1)低速行驶,突发情况能够有足够时间做出正确应对操作。

(2)保持安全跟车距离,当前车急停或者其他危险操作时,预留足够的安全距离处理应对。

(3)集中注意力,及时发现,及时处理。

(4)调整心态,保持平和心态驾驶。事故路段通行速度缓慢,驾驶人切勿急躁,调节好心态,不追不赶。

任务实施

1. 模拟驾驶准备工作

按要求检查模拟器是否正常开机,调整座椅位置,规范系好安全带,检查转向盘、换挡操纵杆、加速踏板、制动踏板、离合器踏板以及仪表显示是否正常。若有异常情况,及时进行修复。

2. 模拟驾驶训练

(1)如图4-34所示,选择"去水富县"训练项目并正确起动车辆。

(2)如图4-35所示,事故路段周围环境复杂,要注意控制车速。

(3)如图4-36所示,事故路段周围环境复杂,要注意保持跟车距离。

3. 模拟驾驶结束

听到"训练结束"语音提示后,结束行车操作,利用制动踏板让车辆停止,拉起驻车制

动,将车辆挡位置于空挡并关闭发动机。

图 4-34 "去水富县"训练项目

图 4-35 控制车速示意图

图 4-36 保持跟车距离示意图

完成模拟驾驶训练后,解除安全带,检查模拟器各操作部件状态,记录本次训练成绩分析表,见附表1:防御性驾驶技术技能动态测评表。

任务评价 》》

依据训练成绩分析表进行小组交流讨论,分享正确行车操作方法与经验,做出准确的任务评价与总结。

拓展训练 》》

(1)模拟"事故路段行车"训练,得出事故路段车辆行驶速度。
(2)模拟"事故路段跟车"训练,得出事故路段制动力度和制动距离。

模块五 安全驾驶水平测试

学习目标

1. 知识目标

(1) 识记各种安全驾驶流程。

(2) 熟记各个安全驾驶测评操作要点。

2. 能力目标

(1) 能够驾驶车辆正确完成安全驾驶水平测试。

(2) 会根据不同模拟场景选择正确规范的驾驶操作完成测试。

3. 素养目标

(1) 培养安全、规范驾驶的意识。

(2) 对安全驾驶有理性认识。

驾驶人作为交通参与者的主体,其驾驶行为直接影响到其他交通参与者的安全及交通秩序。驾驶人安全驾驶水平的可靠性检测是对驾驶行为主体的客观评价,关系到交通事故的控制效果,势必成为交通管理工作的一个重要环节,安全驾驶水平测试是通过对驾驶过程中"人-机-环境"的测量与分析,形成一套安全驾驶水平测评标准,实现对驾驶事故倾向性的科学预测。本项目是通过驾驶人在驾驶模拟器上驾驶预先设计道路,收集驾驶人操作要领等各项与驾驶安全相关的指标,然后对驾驶人的驾驶行为进行安全水平测试,最后依据测试标准对比结果,得到驾驶人安全驾驶水平测评最终结果。

任务一　乡村道路测评

任务导入

乡村道路基础设施不完善,道路交通安全设施相对缺乏,交通结构比较复杂,混合交通比较普遍。因此,通过乡村路段时,驾车人应集中注意力,仔细观察行人动态,预见各种交通现象的变化趋势,并做好应对突发情况的思想准备,沉着冷静、低速缓行、主动避让、谨慎驾驶,驾驶车辆通过乡村道路并能规范操作规避突发情况,通过驾驶人在驾驶模拟器上驾驶预先设计乡村道路,收集驾驶人操作要点等各项与驾驶安全相关的指标,根据测试表现,综合评价驾驶人的安全意识与能力水平。

任务描述

图 5-1 所示为驶入乡村道路安全驾驶水平测试。本任务依据乡村道路特点进行学习与总结,并使用驾驶模拟器进行正确操作,根据测试表现,综合评价驾驶人的安全意识与能力水平。

图 5-1　乡村道路安全驾驶水平测试

任务分析

驾驶人驾车驶入乡村道路时,依据乡村道路行驶要求以及行车速度的规定,需要在

一定的时间和里程内进行乡村道路驾驶安全规范操作。完成本任务,需重点完成以下几点:

(1)行车前应做的准备。

(2)根据乡村道路行车速度规定,合理控制安全车速。

(3)根据乡村道路车辆行驶情况,正确选择并道、转弯、超车、会车、让超车时机,切勿占道行驶。

(4)根据乡村道路特点,谨慎驾驶,注意避让行人、畜以及其他交通参与者。

(5)依据测试、模拟驾驶训练,提升乡村道路安全驾驶意识。

知识链接

乡村道路驾驶车辆注意事项:

(1)通过乡村道路时,合理控制车速,预防人、畜突然横穿马路。

(2)雨后乡村道路易泥泞,注意控制车速和防滑。

(3)会车时,要注意观察路面,特别是雨中不要太靠近路肩,以防塌方或车辆侧滑而发生事故。

(4)选择路面。路面上有坑洼、乱石时,应考虑车辆的离地间隙,转动转向盘小心避让。在通过松软、泥泞、积水路段时,应特别谨慎,确认车辆不会陷入后,降低车辆挡位稳速通过。

(5)安全行车。适当延长与前车的安全距离,避免晴天时前车扬起的灰尘或雨天溅起的泥水遮挡视线。

(6)预防侧滑。当前轮侧滑时,应稳住加速踏板,纠正方向驶出。当后轮侧滑时,应将转向盘朝侧滑方向转动,待后轮摆正后再驶回路中。遇下坡中后轮侧滑时,可适当轻点一下加速踏板,提高车速,待侧滑消除后再按原车速行驶。

任务实施

1. 模拟驾驶准备工作

按要求检查模拟器是否正常开机,调整座椅位置,规范系好安全带,检查转向盘、换挡操纵杆、加速踏板、制动踏板、离合器踏板以及仪表显示是否正常。若有异常情况,及时进行修复。

2. 模拟驾驶训练

(1)如图 5-2 所示,选择"安驾测评"训练项目并正确起动车辆。

(2)如图 5-3 所示,乡村道路上行驶应控制车速,减速慢行。

(3)如图 5-4 所示,选择交汇路段会车,控制车速,保持横向距离,会车后的安全确认,驶入正常路线。

(4)如图 5-5 所示,超车前安全确认,保持与前车跟车距离,告示前车,确认前车让车,向左变更行进路线,控制车速保持安全横向距离,超车后的安全确认。

图 5-2　"安驾测评"训练项目　　　　　图 5-3　乡村道路的规范驾驶

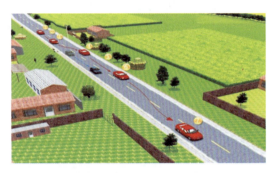

图 5-4　乡村道路会车示意图　　　　　图 5-5　乡村道路超车示意图

（5）如图 5-6 所示,让超车前的安全确认,降低行驶车速,向右侧变更行进路线,保持直线行驶。保持安全车速,不得随意加速,与超车的横向车距不得小于 1m。

图 5-6　乡村道路让超车示意图

3. 模拟驾驶结束

听到"训练结束"语音提示后,结束行车操作,利用制动踏板让车辆停止,拉起驻车制动,将车辆挡位置于空挡并关闭发动机。

完成模拟驾驶训练后,解除安全带,检查模拟器各操作部件状态,记录本次训练成绩分析表,见附表 1:防御性驾驶技术技能动态测评表。

任务评价

依据训练成绩分析表进行小组交流讨论,分享正确行车操作方法与经验,做出任务评价与总结。

拓展训练

(1)模拟"乡村道路车辆速度≥40km/h,突然有人横穿马路,发生事故"训练,得出乡村道路车辆速度≤40km/h。

(2)模拟"与超车横向距离小于1m,发生擦碰"训练,得出让超车时与超车横向距离不得小于1m。

任务二　城市道路测评

任务导入

随着城市化进程不断推进,机动车保有量持续攀升。据公安部统计,截至2022年11月底,全国机动车驾驶人数量已经超过5亿人,汽车保有量达到3.18亿辆,我国全面跨入汽车社会,交通出行结构发生根本性变化,汽车出行成为交通常态,道路交通安全已成为社会生活密切相关的重要问题。本任务利用虚拟仿真的方式,将城市道路置于驾驶模拟器中,通过驾驶人在驾驶模拟器上驾驶预先设计的城市道路,收集驾驶人操作要点等各项与驾驶安全相关的指标,根据测试表现,综合评价驾驶人的安全意识与能力水平。

任务描述

图5-7所示为驶入城市道路安全驾驶水平测试。本任务依据城市道路特点进行学习与总结,并使用驾驶模拟器进行正确操作,根据测试表现,综合评价驾驶人的安全意识与能力水平。

图5-7　城市道路安全驾驶水平测试

汽车防御性驾驶技术

📝 任务分析 》》》

驾驶人驾车驶入城市道路时,依据城市道路行驶要求以及行驶规定,需要在一定的时间内完成安全规范操作。完成本任务,需重点完成以下几点:

(1)行车前应做的准备。

(2)根据城市道路通行规定,能正确通过路口、避让行人、路口左转等。

(3)根据城市道路车辆行驶情况,正确选择行驶车道,做到不占道行驶。

(4)根据城市道路特点,安全避让非机动车和其他交通参与者。

(5)依据测试、模拟驾驶训练,提升城市道路安全驾驶意识。

👆 知识链接 》》》

城市道路驾驶车辆注意事项:

(1)在城市驾驶车辆,必须精神集中,谨慎操作,严格注意行人与车辆的动态,正确判断交通情况的变化,遵守交通信号灯和交通警察的指挥、遵守交通标志和标线。不得驶入禁行路段,注意安全车速和安全距离,掌握变更车道、通过交叉路口及人行横道的方法,确保安全。

(2)需要倒车或掉头时,必须依照倒车和掉头的规定,选择合适的地点。操作中要小心谨慎,必要时要有人指挥。确需停车时,必须遵守《中华人民共和国交通安全法》中有关停车的规定。

(3)在混合交通道路上,行车中遇到较多的电动自行车和自行车时,应注意观察其动态,减速慢行,留有足够的安全距离。交会或超越自行车时,要留有足够大的侧向间距;遇到自行车流时,要重点观察右侧超速骑行的自行车,车速保持相对稳定,要警惕骑车者突然驶入机动车道;在自行车流中或被自行车包围时,车速应保持与自行车流的速度相等,要稳住方向,需转向时要缓慢,除鸣喇叭发出转向信号外,还应用手示意转向方向,不可猛打方向,更不得骤然起步或停车,注意保持随时可制动停车的状态,确保行车安全。

(4)行车中不宜尾随摩托车,应保持足够间距,与之会车和超车时,侧向间距要大。

(5)超越电车、汽车或与其会车以及经过有公共汽车、电车进站停靠的汽车站时,除注意超越(或相会)的车辆外,要随时做好停车准备,以防车前(或车后)跑出的准备横穿街道的行人与自行车、摩托车等。

🛠 任务实施 》》》

1. 模拟驾驶准备工作

按要求检查模拟器是否正常开机,调整座椅位置,规范系好安全带,检查转向盘、换挡操纵杆、加速踏板、制动踏板、离合器踏板以及仪表显示是否正常。若有异常情况,及时进行修复。

2. 模拟驾驶训练

(1) 如图 5-8 所示,选择"安驾测评"训练项目并正确起动车辆。
(2) 如图 5-9 所示,严格按规定车速和车道行驶。

图 5-8 "安驾测评"训练项目

图 5-9 城市道路的规范驾驶

(3) 如图 5-10 所示,如前方有右转车辆,确认安全距离降低车速慢速行驶通过。
(4) 如图 5-11 所示,遇行人横穿马路应提前减速停车让行。

图 5-10 城市道路交叉路口直行示意图

图 5-11 城市道路行人横穿马路示意图

(5) 如图 5-12 所示,隔离带道口遇抢行小孩,应注意提前观察,停车避让。

图 5-12 城市道路隔离带道口遇抢行小孩示意图

3. 模拟驾驶结束

听到"训练结束"语音提示后,结束行车操作,利用制动踏板让车辆停止,拉起驻车制

动,将车辆挡位置于空挡并关闭发动机。

完成模拟驾驶训练后,解除安全带,检查模拟器各操作部件状态,记录本次训练成绩分析表,见附表1:防御性驾驶技术技能动态测评表。

任务评价

依据训练成绩分析表进行小组交流讨论,分享正确行车操作方法与经验,做出任务评价与总结。

拓展训练

(1)模拟"直行时遇前方车辆右转未让行,发生碰撞"训练,得出直行遇右转应减速慢行通过。

(2)模拟"隔离带道口遇抢行小孩未停车避让,发生事故"训练,得出隔离带道口遇抢行小孩时应停车避让。

附表1 防御性驾驶技术技能动态测评表

序号	分类	评测内容	评价标准 A级(正确)	评价标准 B级(错误)	检测方法	得分
1	训练时出现下列情形之一的,不合格	不按规定使用安全带	起步前系安全带	不系安全带	观察	
2		不按交通信号灯、标志、标线或者交通指挥信号行驶	按指示行驶	不按指示行驶	观察	
3		车辆行驶中骑轧车道中心线或车道边缘线	无骑轧实线现象	骑轧实线	观察	
4		车速超过限速规定	无超过限制速度	超过限制速度	观察	
5		起步时车辆后溜距离大于30cm	无后溜	后溜距离大于30cm	观察	
6		车辆行驶方向控制差	连续变更车道1次以下	连续变更车道3次以上	观察	
7		制动、加速踏板使用错误	制动、加速踏板使用轻踩、缓松	急踏制动、加速踏板	观察	
8		行驶中空挡滑行	无空挡滑行	行驶中,空挡滑行5s以上	观察	
9		行驶中不能保持安全距离和安全车速	车速(m/s)×3大于车距(m)	车速(m/s)×3小于车距(m)	观察	
10		争道强行、妨碍其他车辆正常行驶	距对面来车50m以上变更车道	距对面来车20m以上变更车道	观察	
11		因观察、判断或者操作不当出现危险情况	前后距离5m以上左右距离1.5m以上	前后距离≤3m 左右距离≤0.5m	观察	
1	训练时出现下列情形之一的,扣20分	起步、转弯、变更车道、超车、停车前不使用转向灯	测试点3s前使用转向灯	不使用转向灯	观察	
2		转弯时,转、回方向过早、过晚,或转向角度过大、过小	在标准轨迹内	驶出标准轨迹2次以上	观察	

续上表

序号	分类	评测内容	评价标准 A级（正确）	评价标准 B级（错误）	检测方法	得分
3	训练时出现下列情形之一的，扣20分	对可能出现危险的情形未采取减速、鸣喇叭等安全措施	2s内制动减速、鸣喇叭	未制动减速、鸣喇叭	观察	
1	训练前准备	座椅和头枕调节	按自身要求调整	未按要求调整	观察	
2		后视镜调整	按自身要求调整	未按要求调整	观察	
3		安全带的检查	缓慢抽拉安全带，自动锁紧	未按要求检查	观察	
4		检查操纵机构	按要求检查	未按要求检查	观察	
5		启动虚拟仿真模拟器	按要求检查启动	未按要求启动	观察	
6		检查仪表	按要求检查	未按要求检查	观察	
7		停息虚拟仿真模拟器	按要求停息	未按要求停息	观察	
1	训练结果各项指标	潜在事故考核点	通过潜在事故考核点时全部正确操作	通过潜在事故考核点操作错误，出现1个	观察	
2		驾驶安全项	按要求安全驾驶项	出现1个安全项	观察	
3		肇事项	无肇事项	出现1个肇事项	观察	

学员签字：　　　　　　　　考核员签字：

附表2 防御性驾驶技术组训计划表

模块	项目划分	教学内容	课时分配		
			理论授课	模拟驾驶	小计
防御性驾驶技术简介	防御性驾驶技术基本知识	安全通过环岛	0.5	1	1.5
		安全通过人行横道	0.5	1	1.5
		雨雾天安全驾驶	0.5	1	1.5
	模拟驾驶技术	乡村道路驾驶	0.5	1	1.5
		高速公路驾驶	0.5	1	1.5
		城市道路驾驶	0.5	1	1.5
		分计	3	6	9
驾驶图示训练	高速公路进出与左右变道	驶入高速公路	0.2	0.5	0.7
		驶离高速公路	0.2	0.5	0.7
		向左变道	0.2	0.5	0.7
		向右变道	0.2	0.5	0.7
	通过交叉路口	交叉路口直行	0.2	0.5	0.7
		交叉路口左转	0.2	0.5	0.7
		交叉路口右转	0.2	0.5	0.7
	会车超车让超车	会车	0.2	0.5	0.7
		超车	0.2	0.5	0.7
		让超车	0.2	0.5	0.7
	通过山路	上坡	0.2	0.5	0.7
		下坡	0.2	0.5	0.7
		通过左侧盲区弯道	0.2	1	1.2
		通过右侧盲区弯道	0.2	1	1.2
	避让情况	避让左侧情况	0.2	0.5	0.7
		避让右侧情况	0.2	0.5	0.7
		兼顾道路两侧	0.2	0.5	0.7
		通过铁道路口	0.2	0.5	0.7
		分计	3.6	10	13.6

续上表

模块	项目划分	教学内容	课时分配		
			理论授课	模拟驾驶	小计
危险场景防御性驾驶训练	嵩明—待补	隧道前超车并强行变道处置	0.2	1	1.2
		冰面侧滑处置	0.3	1	1.3
		后方车辆强行超车处置	0.2	1	1.2
	通海—建水	路遇落石	0.3	1	1.3
		制动失效处置	0.3	1	1.3
		油污侧滑处置	0.2	1	1.2
		突遇团雾处置	0.3	1	1.3
	安宁—楚雄	未及时避让前方停驶车辆	0.3	1	1.3
		追尾前车处置	0.2	1	1.2
		左前轮爆胎处置	0.3	1	1.3
		出口前左侧车辆强行变道驶出处置	0.3	1	1.3
	分计		2.9	11	13.9
营运任务处突训练	前往嵩明	雨天超车遇对向车辆	0.3	1	1.3
		雨后超车引起侧滑	0.2	1	1.2
		雨天弯道引起侧滑	0.2	1	1.2
		雨天遇对面多车连续超车	0.3	1	1.3
	前往水富	弯道车速过快引起侧滑翻车	0.3	1	1.3
		前车急停后车追尾	0.3	1	1.3
		遇事故路段停车不及时	0.3	1	1.3
	分计		1.9	7	8.9
安全驾驶水平测试		乡村道路测评	0.3	0.5	0.8
		城市道路测评	0.3	0.5	0.8
	分计		0.6	1	1.6
合计			12	35	47

参考文献

［1］范正伟,贺秀良,姜丁,等.汽车驾驶模拟器研究现状与未来展望［J］.汽车运用,2004（10）:31-32.
［2］交通运输部 公安部.机动车驾驶培训教学与考试大纲［S］.2022.
［3］公安部道路交通安全研究中心.基于事故数据的驾驶人行为深度分析与改善对策［J］.交通言究社,2020.
［4］于晓辉.汽车安全驾驶图式［M］.北京:机械工业出版社,2015.
［5］公安部交通管理局.我国驾驶人总量超5亿［N］.2022.
［6］王鹏,赵静,李恒,等.模拟驾驶培训技术的价值分析［J］.市场周刊(理论研究),2014（07）:105-106.